SCHOLASTIC

Solares™

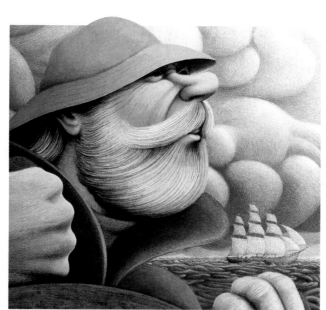

LTX
3-00-7
Sch
Vol. 1

DISCARDED

LAMAR UNIVERSITY LIBRARY

Acknowledgments and credits appear on pages 287–288, which constitutes an extension of this copyright page.

ISBN 0-439-08895-X

SCHOLASTIC, SCHOLASTIC SOLARES, and associated logos and designs are trademarks and/or registered trademarks of Scholastic Inc.

2 3 4 5 6 7 8 9 10   09   05 04 03 02 01 00

CONTENIDO

¿Qué hay de nuevo?

TEMA

Podemos conocer
nuestro mundo
a través de
experiencias nuevas.

UNIDAD 1

CONTENIDO

Grandes Planes

TEMA

Hacer planes y usarlos nos ayuda a resolver problemas.

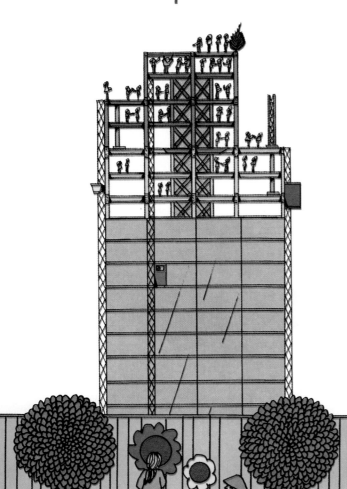

UNIDAD 2

CONTENIDO

¡Manos a la Obra!

Tema
La habilidad de cada miembro del grupo contribuye al éxito del esfuerzo conjunto.

UNIDAD 3

¿Qué hay de nuevo?

¿Qué hay de nuevo?

TEMA

Podemos conocer nuestro mundo a través de experiencias nuevas.

www.scholastic.com

Visita el área para niños en **www.scholastic.com** para ver la información más reciente acerca de tus libros favoritos de Scholastic. ¡Podrás echar un vistazo a libros nuevos, entrevistas con autores e ilustradores y muchas cosas más!

UNIDAD 1

Bienvenidos a

Solares

Asistir a una escuela de campismo

Podemos conocer nuestro mundo a través de experiencias nuevas.

¡Monstruos Gila en el aeropuerto!

Escrito por Marjorie Weinman Sharmat
Ilustrado por Byron Barton

«1»

Vivo en el número 165 Este de la calle 95, en la ciudad de Nueva York y pienso quedarme aquí para siempre.

Mi madre y mi padre se mudan al Oeste.

Me dicen que yo también tengo que ir con ellos.
Me dicen que no puedo quedarme a vivir aquí.

En el Oeste nadie juega al beisbol porque están muy ocupados cazando bisontes.

Y hay cactos por todos lados. Si te descuidas, te pinchas cuando te sientas.

En el Oeste tardan quince minutos para decir "Hola, qué tal." Y lo dicen así: "H-O-O-L-A-A, Q-U-É T-A-A-L . . . , A-A-M-I-G-O".

En el Oeste voy a parecer un bobo. Voy a tener que usar chaparreras, espuelas, una bandana y un sombrero tan grande que nadie me verá cuando lo tenga puesto. Además, ¡tendré que ir a la escuela a caballo, y no sé montar!

En el Oeste todos los niños son sheriffs cuando llegan a grandes. Yo quiero ser un conductor de metro.

Mi mejor amigo se llama Seymour. Nos gusta reunirnos para comer sándwiches de salami.

Tal vez en el Oeste no llegue a tener amigos. Pero si los tengo se llamarán Tex o Slim. Comeremos frijoles con chile como desayuno. Y como almuerzo, y como cena. Mientras yo echo de menos a Seymour y los sándwiches de salami.

« 2 »

Estoy en camino hacia el Oeste. En el avión hace frío.

El desierto es tan caluroso que puedes desmayarte. Entonces los buitres dan vueltas en el cielo y se te acercan. Pero nadie te rescata, porque no estás en una película sino en la vida real. Por la ventana veo las nubes. Todavía no veo los buitres.

Ahora miro el mapa. Antes, cuando miraba el mapa, sabía que mi casa estaba hacia la derecha. Ahora, no es así. Estoy en el medio del mapa, y voy hacia la izquierda, hacia el Oeste.

Mi amigo Seymour dice que en el Oeste hay monstruos Gila y sapos cornudos. Sé que es verdad porque lo leí en un libro. Seymour dice que los monstruos Gila y los sapos cornudos te van a esperar al aeropuerto.

« 3 »

Aquí estamos.

En el Oeste.

No sé cómo son los monstruos Gila ni los sapos cornudos.

Pero no creo ver ninguno en el aeropuerto.

Veo un chico con un sombrero de vaquero.

Se parece a Seymour pero estoy seguro de que se llama Tex.

—Hola —le digo.

—Hola —me contesta. Y agrega:

—Me mudo al Este.

—¡Qué bueno! —le digo.

—¿Qué bueno? —me dice—. ¿Qué puede tener de bueno?
¿No sabes que las calles están llenas de gángsters? Llevan
flores en las solapas para parecer honestos. Pero circulan a
toda velocidad en coches grandes con frenos que hacen
ruido. Tienes que dar saltos para que no te pisen.

En el Este siempre nieva y sopla el viento. La nieve y el viento sólo paran por cinco minutos, en primavera y en verano.

Y tienes que vivir en el piso 50. Los aviones pasan volando por tu dormitorio y tienes que tirarte al suelo.

Además, hace tiempo que en el Este falta espacio. Hay tanta gente que unas personas se sientan en los hombros de las otras cuando van al trabajo en metro.

Y las alcantarillas están llenas de caimanes. Lo leí en un libro, así que sé que es verdad.

La madre y el padre del chico que se parece a Seymour lo agarran de la mano y se lo llevan.

—A veces los caimanes suben a la calle —dice el chico gritando—. Y te esperan en el aeropuerto.

« 4 »

Hace calor pero sopla una brisa.
Vamos en taxi a nuestra nueva casa.

Todavía no veo los caballos.
Ni veo tampoco una estampida de bisontes.

Pero veo un restaurante como el que había en mi
viejo barrio.

Y veo a algunos chicos jugando al beisbol.

También veo un caballo. Oye, ¡qué caballo tan lindo!
Les voy a pedir a mis padres uno como ése.

Aquí está nuestra casa.
Algunos chicos andan en bicicleta frente a la casa.
Espero que uno de ellos se llame Slim.

Mañana le escribiré una carta larga a Seymour.
Le diré que se la mando por el correo a caballo.
Estoy seguro de que Seymour me va a creer.
Allá en el Este no saben mucho sobre nosotros, los
del Oeste.

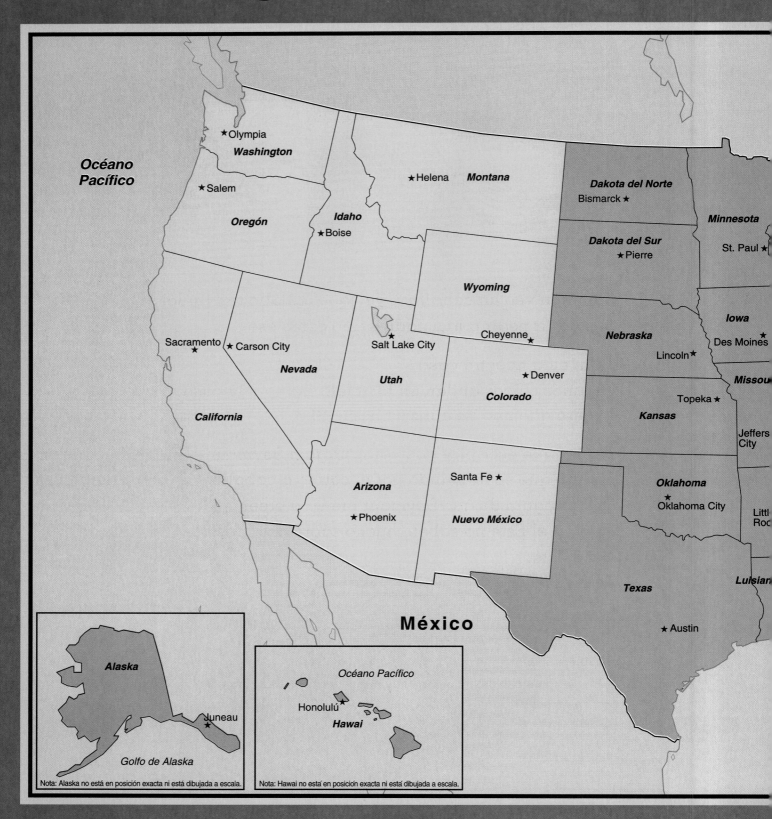

ESTADOS UNIDOS

Océano
Pacífico

★Olympia

Washington

★Salem

Oregón

★Helena   **Montana**

Idaho

★Boise

Dakota del Norte
Bismarck ★

Minnesota

Dakota del Sur
★Pierre

St. Paul ★

Wyoming

Sacramento
★

★ Carson City

Salt Lake City
★

Cheyenne
★

Iowa

Des Moines ★

Nebraska

Lincoln★

Nevada

Utah

★Denver

Colorado

Missou

California

Topeka ★

Kansas

Jeffers
City

Santa Fe ★

Oklahoma
★
Oklahoma City

Littl
Roc

Arizona

★Phoenix

Nuevo México

Texas

Luisian

México

★Austin

Alaska

Océano Pacífico

Honolulú ★

Hawai

Juneau
★

Golfo de Alaska

Nota: Alaska no está en posición exacta ni está dibujada a escala.

Nota: Hawai no está en posición exacta ni está dibujada a escala.

DE NORTEAMÉRICA

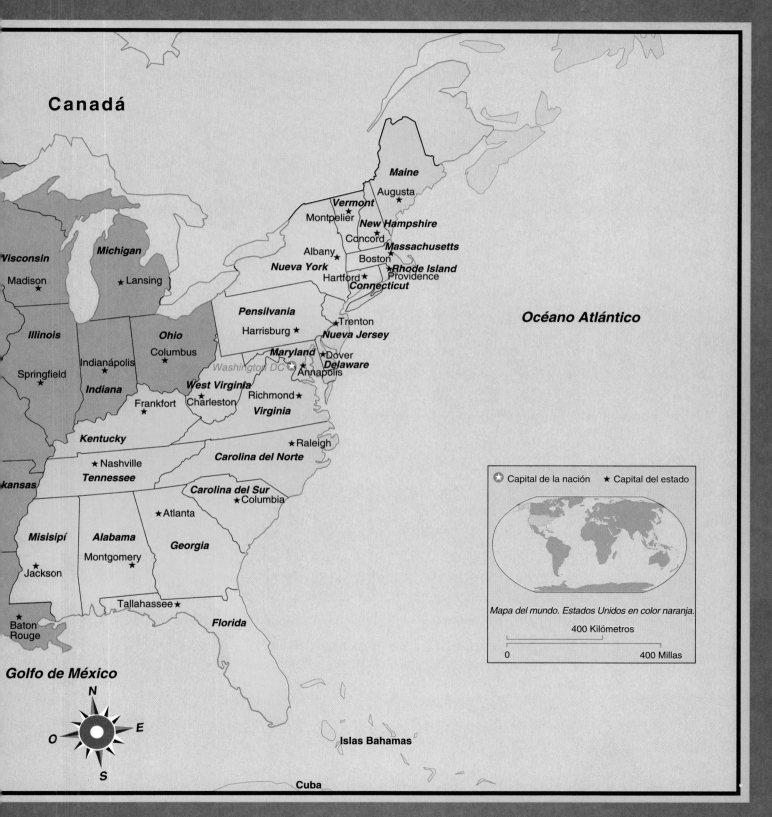

Canadá

Maine

Augusta ★

Vermont ★
Montpelier

New Hampshire
Concord ★

Massachusetts
Albany ★
Boston ★

Nueva York
Hartford ★ ★Rhode Island
Providence

Connecticut

Wisconsin

Michigan
★ Lansing

Madison ★

Pensilvania
Océano Atlántico

Illinois

Ohio
Columbus ★

Harrisburg ★ ★Trenton
Nueva Jersey

Springfield ★

Indianápolis ★

Maryland ★Dover
Delaware

Indiana

Washington DC ★ ★
Annapolis

Frankfort ★

West Virginia
Charleston ★

Richmond ★

Kentucky

Virginia

★ Raleigh

★ Nashville

Carolina del Norte

Tennessee

kansas

Carolina del Sur
★Columbia

★ Atlanta

Misisipí

Alabama

Georgia

Montgomery ★

Jackson ★

★ Tallahassee ★

Baton
Rouge ★

Florida

⬤ Capital de la nación   ★ Capital del estado

Mapa del mundo. Estados Unidos en color naranja.

400 Kilómetros

0   400 Millas

Golfo de México

N

O   E

S

Islas Bahamas

Cuba

Piensa en la lectura

En una hoja aparte, contesta las preguntas de este esquema del cuento.

Escenario
1. ¿En qué lugares ves al niño?

Personajes
2. ¿Quiénes son los personajes principales de la historia?

Problema
3. ¿Qué cambio grande le está ocurriendo al niño?

Sentimientos del personaje
4. ¿Cuáles son los sentimientos del niño acerca de este cambio en su vida? ¿Por qué?

Sucesos

5. Durante su viaje en taxi desde el aeropuerto, ¿qué ve el niño que le recuerda a la ciudad de Nueva York?

6. ¿Qué ve el niño que es nuevo para él?

Desenlace
7. Al final de la historia, ¿qué piensa el niño acerca de la vida en el Oeste?

Escribe una tarjeta postal

Imagina que eres el niño de la historia. Escríbele una tarjeta postal a Seymour. Cuéntale algo interesante sobre tu nuevo hogar. Puede ser acerca de un nuevo amigo o algo divertido que hiciste. En tu tarjeta postal, incluye la fecha, un saludo, un breve mensaje y una despedida.

Círculo literario

Esta historia es un ejemplo de texto humorístico. ¿Qué descripciones, ideas o sucesos te hicieron reír? ¿Por qué te parecieron cómicos?

Conozcamos a
Marjorie Weinman Sharmat

Marjorie Weinman Sharmat siempre quiso ser escritora. Cuando tenía sólo ocho años, ella publicó un periódico con un amigo. Muchos de sus libros tratan de cosas que le sucedieron a ella. De hecho, escribió *¡Monstruos Gila en el aeropuerto!* después de mudarse de la ciudad de Nueva York a Arizona con su esposo e hijos. ¿Tropezaría ella alguna vez con un monstruo Gila? Tienes que preguntarle.

Otros libros escritos por
Marjorie Weinman Sharmat

- *Mentira gordísima*
- *Yo el gran Fercho*

Cómo vive mi familia en Estados Unidos

PREMIO

Susan Kuklin

Eric

Me llamo Eric. Vivo en un edificio de apartamentos muy alto en Nueva York con mi mamá, mi papá y nuestro loro, Pepí. Mi papá y mis abuelos vinieron a Nueva York de Puerto Rico. Mi papá me mostró dónde está Puerto Rico en el mapa. Es una isla que está en el mar, cerca de Florida. Mi mamá, Pepí y yo nacimos en la ciudad de Nueva York.

Cuando mi papá vuelve a casa del trabajo jugamos al beisbol, nuestro juego favorito. Es difícil agarrar la pelota cuando tengo puesta mi chaqueta de invierno. El invierno pasado mi mamá y mi papá me llevaron a Puerto Rico de vacaciones. Aprendí mucho sobre mi cultura.

Mi papá creció en un lugar donde hay palmas, como en Florida. Allí siempre hace calor, las personas pueden jugar al beisbol todos los días sin chaqueta. Toda la gente habla español, como mis abuelos.

En mi casa hablamos dos idiomas, inglés y español.
Hasta Pepí habla inglés y español. Irma y Glen, mis
amigos, también hablan español. Ellos son de otra isla, de
un país que se llama República Dominicana. Si tú vienes
de un lugar donde se habla español, acá te llaman his-
pano. Nosotros somos estadounidenses e hispanos.
En mi ciudad hay muchos hispanos que vienen de países
diferentes, y todos hablan español.

A veces Irma y Glen vienen de visita y me ayudan con
las tareas de la casa. Limpiamos las habichuelas y las
ponemos en un bol con agua para que se ablanden por la
noche. Después mi mamá me enseña cómo aplastar el ajo
para hacer el sofrito, una mezcla de especias que se cocina
con las habichuelas.

La noche siguiente, mi mamá, mi papá y yo
comemos nuestra comida favorita: arroz con pollo y
habichuelas. Mi mamá y yo cocinamos muy bien.

Cuando mi mamá y mi papá están en el trabajo, nana
Carmen, que es la mamá de mi mamá, me lleva de
compras a la carnicería. A veces me deja pagar a mí.

El carnicero me dice "Muchas gracias", en español.
Yo le respondo "De nada".

Nana Carmen viene de visita todos los días. A la hora de ir a la cama, pasa por mi casa para darme un beso antes de acostarme. A veces se hace una herida, y me la muestra. Entonces yo le recito este poema para que se cure:

Sana, sana, sana
Colita de rana
Si no sanas hoy
Sanarás mañana.

Después, le pido a mi ángel de la guarda que me cuide, como hacían mi mamá y mi papá cuando eran niños. Nana Carmen dice que mi ángel de la guarda cuida a los niños cuando duermen.

Cuando mi mamá vuelve a casa después del trabajo, pone música hispana. Mis amigos, mi mamá y yo bailamos merengue. Movemos las caderas con la música.

Después del beisbol, lo que más nos gusta son los bailes hispanos. Cuando mi madrina nos visita, baila con nosotros. A veces mi papá, nana Carmen, y la mamá de mis amigos se unen al baile.

Y Pepí canta... ¡SALSA!

April

Admirar

Orquídea

En Estados Unidos me llamo April. También tengo un nombre chino, Chin Lan, que significa "orquídea admirable".

Mis padres son chinos y nacieron en Taiwán, una isla que está al otro lado del mundo. Mi papá vino a Nueva York, sin sus padres, para estudiar. Mi mamá vino a vivir aquí con su familia. Mi hermano mayor, Julius, mi hermana mayor, May y yo nacimos en Estados Unidos. Dicen que somos estadounidenses de origen chino.

爸爸

Padre

媽媽

Madre

Hay muchos estadounidenses de origen chino. Pero no todos hablamos el mismo idioma chino. La variedad que habla mi familia se llama "mandarín".

En mandarín, llamo "baba" a mi papá y llamo "mama" a mi mamá. Suena un poco como en español. Pero hay muchas diferencias. Por ejemplo, las palabras no se escriben con letras. Cada palabra tiene su dibujo especial.

Durante la semana vamos a la escuela pública, pero los domingos vamos a la escuela china. Allí aprendemos a hablar y escribir en chino, como hacían mis padres en Taiwán. Cuando escribo en inglés, escribo de izquierda a derecha. Cuando escribo en chino, escribo de derecha a izquierda y de arriba a abajo. Los niños de origen chino tenemos que recordar muchas cosas.

En la escuela china aprendemos también un tipo de escritura que se llama caligrafía. Usamos un pincel en lugar de un lápiz y papel de arroz. Los maestros nos muestran cómo sostener el pincel.

芝
蔴
涼
麵

Fideos fríos
con ajonjolí

El momento que más me gusta en la escuela china es la hora de la merienda. Hoy mi mamá me hizo fideos fríos con ajonjolí, *tsu ma liang mein*. Los comí con un tenedor, pero muchos los comen con palitos. Yo estoy aprendiendo a comer con palitos.

Mi papá nos dijo que un explorador italiano, Marco Polo, descubrió los fideos en China. Él los llevó a su país.

Una vez, cuando mi mamá compró pizza, Julius le preguntó si un explorador chino había descubierto la pizza en Italia. Mi mamá y mi papá se rieron y le dijeron que no.

Mientras comemos pizza jugamos a buscar letras en los dibujos de la caja de pizza. Julius ve una "V" en el zapato del hombre. May ve una "L".

¡Puedo ver la letra china "Ba" en las cejas del hombre del dibujo! "Ba" quiere decir "ocho" en chino.

Ocho

七
巧
板

Tangram

Por la noche, después de hacer las tareas de la casa y los deberes, jugamos al *Chi chiao bang*. En Estados Unidos algunas personas llaman a este juego *Tangram*. El juego es popular en Taiwán, como las damas aquí. Mis abuelos y mis bisabuelos jugaban al *Tangram*. En el juego hay que cambiar de lugar siete piezas diferentes para hacer una forma nueva. A mí me gusta hacer un gatito. Es muy difícil, pero puedo hacerlo. Mi papá me dice: —Juega despacio y piensa en un gatito. Después de un tiempo comenzará a aparecer la forma del gatito. Y tiene razón.

Hay un viejo refrán chino que dice: "Cuanto más viejo eres, más sabio eres". Cuando sea grande, se lo recordaré a mi familia.

Las habichuelas de Eric

(4 porciones)

1/2 libra de habichuelas rojas pequeñas
1 cucharada de sofrito[1]

1 lata de tomates pelados
1 manojo de cilantro
2 chiles verdes picados

Remoja las habichuelas por la noche en 4 tazas de agua fría. Ponlas a hervir en una olla. Una vez hervidas, sácales el agua y ponlas a hervir de nuevo con otras 4 tazas de agua. Cocínalas hasta que estén blandas. Agrega agua si es necesario. Agrega el sofrito, los tomates, los chiles y el cilantro picado. Tapa la olla y cocínalo todo durante 20 minutos más.

1 El sofrito se hace con ajo, cebolla, tomates en lata, aceite, cilantro y sal.

Los fideos fríos con ajonjolí de April

(1 porción)

2 onzas de fideos chinos o espaguetis cocidos
1 cucharada de pasta de ajonjolí o mantequilla de cacahuate
1 cucharada de salsa de soya
1 cucharada de cebolletas picadas

Mezcla en un bol la pasta de ajonjolí (o la mantequilla de cacahuate) con una cucharada de agua tibia y la salsa de soya. Agrega la mezcla a los fideos fríos. Rocía con la cebolleta picada y mezcla antes de servir.

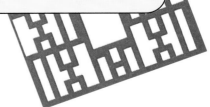

A todos los niños bilingües de tercer grado

—

Escrito por Isabel Gómez
Ganadora del primer premio del Concurso NABE 1994

Me llamo Isabel Gómez. Estoy en el último grado de la secundaria de la Sierra Vista High School. Me siento muy contenta y orgullosa de poderme graduar. Pienso continuar mis estudios en la universidad.

Cuando vine a este país hace cuatro años, no sabía hablar inglés. Siempre me ha gustado estudiar, pero tenía miedo de ir a una escuela donde todos hablaban solamente inglés.

Cuando me pusieron en el programa bilingüe, me sentí muy cómoda. Me enseñaron inglés, pero también recibí instrucción en mi idioma, lo cual me ayudó a continuar los estudios sin retrasarme.

El año pasado participé en el concurso de redacción de NABE (National Association for Bilingual Education) y obtuve el primer premio. Me invitaron a leer mi redacción durante la conferencia anual que fue en Phoenix, Arizona. ¡Había más de 2,000 personas! Me parecía un sueño estar allí. Algunas personas se conmovieron con mi composición y lloraron. Cuando terminé de leerla, se pararon y aplaudieron, y hasta me pidieron autógrafos.

Este honor hubiera sido suficiente, pero además gané una beca de 5,000 dólares y una computadora con impresora. Mi madre, mi hermana y mi maestra fueron conmigo a Arizona. Todos me rodeaban y felicitaban. Me sentí muy agradecida.

En tercer grado se aprenden muchas de las cosas que se necesitan para más adelante. Con esfuerzo, todos podemos tener la oportunidad que yo tuve. Ustedes pueden aprender mucho y luego ir a la universidad y salir preparados para tener una carrera. Si creen en sí mismos podrán lograr lo que se propongan. Aprendan inglés, pero no olviden el español. Las personas bilingües representamos el futuro de nuestra gente. Estamos mejor preparadas para enfrentar el próximo siglo.

Piensa en la lectura

Escribe tus respuestas en una hoja aparte.

1. ¿Qué aprendió Eric de su abuela?

2. ¿Por qué los padres de April quieren que ella aprenda caligrafía y a jugar al *Tangram*?

3. ¿En qué se parece la escuela china de April a la tuya? ¿En qué se diferencia?

4. ¿Por qué crees que Susan Kuklin usó fotos para ilustrar esta historia?

5. ¿Qué consejo podría darle Isabel Gómez a Eric y a April si se reuniera con ellos?

Escribe una leyenda de pie de fotografía

¿Has visto alguna vez las fotos de los periódicos? Todas tienen una leyenda al pie. Escoge tres de las fotos que Susan Kuklin tomó. Escribe una leyenda de pie de fotografía para cada una. Indica quién se encuentra en ella. En breves palabras, explica lo que está ocurriendo.

Círculo literario

Habla sobre las semejanzas entre la familia de Eric y la familia de April. ¿Cuál crees que es el parecido más importante entre ellas? Explica tu respuesta.

Conozcamos a
Susan Kuklin

La fotógrafa y autora Susan Kuklin siempre se ha interesado en historias sobre arte y gente. Su interés en el arte la condujo a la fotografía. Luego, ella reunió todos sus intereses—gente, fotografía e historias—y comenzó a crear libros informativos para la gente joven. A ella le gusta escribir libros sobre temas que hacen pensar a los niños. También usa fotografías como ayuda para contar sus historias.

CALOR

AMADO PEÑA · JUANITA ALBA

SERIE *COLCHA*: LA PROMESA

*Abuelito decía que el calor del sol es
la cobija de los pobres.*

LA CENTINELA

El calor siempre ha sido mi amigo.
Siempre lo he querido.

LOS CUENTOS

El calor de mi mamá me da fuerza porque sé que su amor siempre está conmigo. Haga bien o no, ella siempre me quiere.

DANZA DE COLORES

Yo sé que el calor vive entre lo anaranjado y lo colorado.

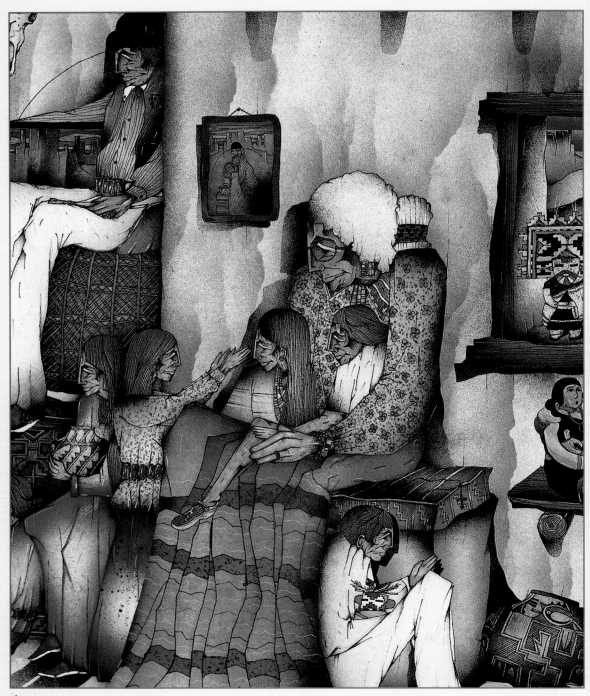

ABUELITA, LA CUENTISTA

El calor de mi abuelita hace que
me acurruque con ella.
Su calor tiene el olor a rosas y
tortillas recién hechas.

SERIE *COLCHA*: LA TEJEDORA

*Todo lo que mamá hace
—las colchas, el chile guisado,
sus caricias— demuestra el calor
que vive en ella.*

DANZA DEL BISONTE

Mis tíos son muchos. Nada se compara con el poder de ese calor.

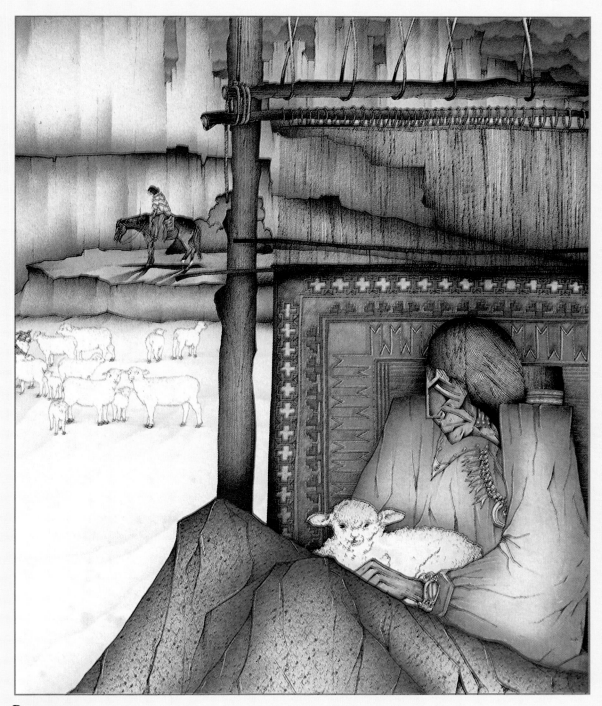

PATRONES

*También los animales buscan el
calor del amor.*

Yo sé que cuando bailan, los cubre el calor. Las caras se ponen rojas y corre el sudor.

EL SÁBADO, DÍA DEL MERCADO

DANZA DE LOS ARTESANOS

Cuando pasa el frío, llega el calor, y todos le damos la bienvenida.

HACIENDO PAN

El calor es bueno
para hacer
panecitos y
merendar con
chocolate
caliente.

No hay nada mejor
que ver tu casa a lo
lejos y saber que
pronto llegarás al
calor de tu familia
que te quiere.

DE REGRESO A CASA

LOS REGALOS

*Con un regalo,
viene el calor del amor.*

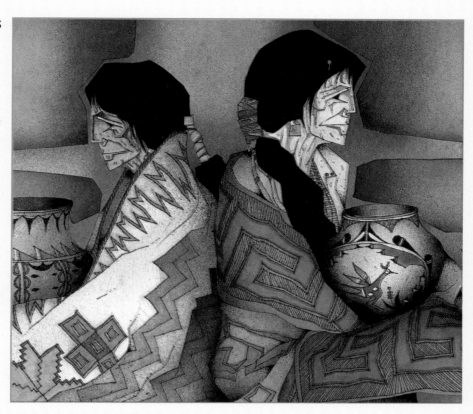

Papá dice que
mestizo soy,
indio y español.
Por los dos
lados,
mi tierra conoce
el calor.

AUTORRETRATO

Cuando me
pongo a pensar,
sé que el calor
en mi corazón
es el amor que
siento por todos
aquellos que han
llenado mi vida
de felicidad.

PIENSA EN LA LECTURA

Escribe tus respuestas en una hoja aparte.

1. ¿Qué miembros de la familia nombra el narrador?

2. ¿Cómo demuestra la mamá el calor que vive en ella?

3. ¿Cómo muestran calor los colores de las ilustraciones?

4. ¿Cómo obtienen la gente y los animales de las ilustraciones el calor que necesitan?

5. ¿Por qué es *Calor* un buen título para esta lectura? ¿Qué otro buen título se te ocurre?

ESCRIBE UN POEMA

Escribe un poema acróstico. En una hoja aparte, escribe la palabra *calor* a lo largo de la página de la forma siguiente:

C _____

A _____

L _____

O _____

R _____

A continuación de cada letra, escribe una palabra o una frase descriptiva que esté relacionada con el calor. ¿Qué te hace sentir calor? Piensa en gente, lugares, cosas, sucesos, sentimientos. Cuando hayas terminado, agrega una ilustración.

CÍRCULO LITERARIO

Elige una de las ilustraciones de *Calor* y obsérvala con atención. Imagina que la ilustración fuera el comienzo de un cuento infantil. ¿De qué podría tratar el cuento?

CONOZCAMOS A JUANITA ALBA

Juanita Alba ha enseñado y trabajado en escuelas por muchos años. Ella ayuda a los estudiantes bilingües a obtener buenos resultados en la escuela. Para lograrlo, Juanita Alba trabaja con muchas otras personas en los Estados Unidos.

OTRO LIBRO ILUSTRADO POR AMADO PEÑA

• *Peña on Peña*

EN LA PAMPA

María Cristina Brusca

Cuando era niña vivía con mi familia en la gran ciudad de Buenos Aires. Pasábamos las vacaciones en el campo, en la estancia de mis abuelos. Un verano, mis padres y mi hermano tuvieron que quedarse en la ciudad y yo viajé con mi abuela.

Salimos muy temprano de la estación Constitución y desayunamos en el tren, mientras recorríamos kilómetros y kilómetros de la tierra más plana del mundo: la pampa. A ambos lados del tren, por donde mirásemos, había alambrados, molinos y campos donde pastaban millones de vacas.

Al atardecer llegamos a San Enrique, la última parada del tren. El pueblito era punta de riel. Mi abuelo nos esperaba con su camioneta para llevarnos a la estancia, a unas tres leguas de la estación.

La estancia se llamaba "La Carlota" y las puertas de
hierro de la entrada pertenecían a un viejo fuerte que había
existido allí hace cien años.

Al llegar, escuchamos el galopar de un caballo. Detrás
de una nube de polvo, apareció mi prima Susanita.

Susanita vivía en la estancia todo el año y sabía mucho
de caballos. Aunque era tres años menor que yo, tenía su
propio caballo, La Baya. Susanita era tan chiquita que
trepaba por la pata de La Baya para poder montarla. Pero
cabalgaba tan bien que los gauchos le decían La Gauchita.

Yo no tenía mi propio caballo. El Viejo Salguero, que
era el capataz de la estancia, me prestó su yegua Pampita.
Pampita no era muy rápida pero sí muy mansa, y pronto
nos hicimos amigas. Ese verano, Susanita y yo
compartimos todo. Ella me enseñó a cuidar los caballos.
Los bañábamos, los cepillábamos, les recortábamos los
cascos y les trenzábamos las crines y las colas.

A Susanita le gustaban las aventuras, nada la asustaba.
Solía nadar en el arroyo agarrándose de las crines de La
Baya. Al principio, tenía miedo de seguirla, pero después el
arroyo se transformó también en mi diversión preferida.

Yo quería aprender todas las cosas que los gauchos saben hacer.
Quería, como Salguero, recorrer todos los días el campo con mi
caballo. Y quería usar un cinturón como el suyo, que tuviera
monedas de plata de todos los países del mundo y mis iniciales
grabadas en la hebilla.

Salguero me dijo que tenía que empezar por el principio y pasó
muchas horas enseñándome a usar el lazo.

63

La primera vez que enlacé un ternero, me arrastró por el corral. Salguero se rió y me dijo que a él muchas veces le había pasado lo mismo.

Desde muy pequeña, Susanita había ayudado a los gauchos en las tareas del campo y yo trataba de imitarla.

A veces había que arrear las vacas para cambiarlas de pastura. Ése era el trabajo que más me gustaba: galopar detrás de cientos de vacas, gritar y hacerlas correr. ¡Ni en la ciudad ni en la escuela se podía gritar así!

Un día separamos los terneros de las vacas, para vacunarlos y ponerles la marca de "La Carlota". El aparte era lo más difícil, pero también lo más divertido. Yo traté de seguir las órdenes de Salguero, pero a veces me sentía perdida en ese mar de vacas.

Al mediodía, almorzábamos en una mesa inmensa. Yo
siempre tenía hambre. La mamá de Susanita, María la
cocinera y mi abuela habían trabajado toda la mañana en la
cocina preparando sopa, ensaladas, guiso de cordero o mi
plato favorito, carbonada, un guiso criollo con arroz,
choclos y duraznos.

Después de almorzar, los grandes dormían la siesta, pero
nosotras preferíamos estar afuera. A veces, cuando hacía
mucho calor, íbamos hasta un monte de eucaliptos y ahí
leíamos historietas y cuentos de *cowboys* hasta que
oscurecía.

Otras tardes galopábamos dos horas hasta el almacén de ramos generales para tomar un naranjín. Mientras lo bebíamos, admirábamos las monturas y riendas que soñábamos comprar cuando fuésemos grandes y ricas. A veces, el almacenero sacaba de atrás del mostrador una rastra maravillosa y nosotras la mirábamos fascinadas, tratando de adivinar de qué país venía cada una de sus monedas de plata.

Un día fuimos hasta un potrero que estaba muy lejos de la casa: Susanita pensaba que allí podía encontrar huevos de ñandú. Estos huevos son tan enormes que uno solo alcanza para preparar una torta. Buscamos toda la tarde hasta que encontramos un nido. Estaba escondido entre los pastos altos y tenía casi veinte huevos de color amarillento, grandes como cocos.

Salguero nos había aconsejado cuidarnos del ñandú. ¡Y tenía razón! El padre ñandú, que es el que protege el nido, nos vio sacar un huevo. Se puso furioso y nos persiguió a picotazos hasta que salimos del potrero.

Al día siguiente, usamos el huevo para preparar una torta de cumpleaños para mi abuela. Como queríamos que fuese una sorpresa, nos escondimos en la cocina mientras ella dormía la siesta. La torta tenía tres pisos y la rellenamos con crema batida y duraznos de los árboles de la estancia.

Celebramos el cumpleaños de mi abuela con una gran
fiesta. Los gauchos prepararon el fuego al atardecer y muy
pronto nos envolvió el aroma de la carne que se cocía
lentamente en los asadores.

Tuvimos también música y baile. Estuvimos despiertas casi toda la noche y yo aprendí a bailar la zamba con saltitos suaves y revoleando mi pañuelo.

Otras noches eran mucho más tranquilas. Sólo se escuchaba el ronroneo del motor que producía electricidad para la casa. Después de comer, Susanita y yo nos escapábamos hasta la matera, donde los gauchos se reunían para descansar.

Sentados alrededor del fogón, contaban cuentos de la pampa o historias de aparecidos mientras tomaban mate con una bombilla de plata. No nos gustaba el mate; nos parecía demasiado caliente y amargo, pero en cambio nos encantaban sus cuentos de miedo.

El verano se terminaba y pronto tuve que volver a
Buenos Aires y a la escuela. La noche antes de partir,
Salguero me enseñó a encontrar la Cruz del Sur. El motor
de la luz estaba apagado y podíamos oír croar a las ranitas.
Los caballos parecían sombras durmiendo en el campo.

Susanita y yo dormimos poco esa noche y nos
levantamos al amanecer. Pampita y los otros caballos
estaban todavía en el campo. Salguero me alcanzó las
riendas de su caballo.

—Ya estás lista para buscar la tropilla vos solita
—me dijo.

Yo no estaba tan segura pero Susanita, con una sonrisa,
me dio la confianza que me faltaba.

Ya en el campo, recordé lo que había visto hacer a Salguero. Traté de que la yegua madrina, con su cencerro, trotara hacia el corral. Los otros caballos la siguieron, pero los potrillos eran muy juguetones y se escapaban corriendo y brincando. ¡Qué difícil fue! Por suerte, pude hacerlos volver y finalmente la tropilla entró alegre en el corral.

Estaba tan ocupada tratando de que los potrillos no se escaparan que no vi a toda la familia reunida con Salguero, esperándome. Cuando llegué me aplaudieron y mi abuelo me ayudó a bajar del caballo.

—Te has convertido en todo un gaucho este verano —me dijo.

Entonces mi abuela me puso una rastra hermosa, como la de Salguero, con monedas de plata de todos los países del mundo y ¡con mis iniciales en la hebilla!

—Hay algo más —agregó— que todo gaucho necesita. El próximo verano tendrás tu propio caballo. —Y señaló al potrillo de la yegua madrina, el más lindo y travieso de todos. Antes de que pudiera decir una palabra, el potrillo sacudió la cabeza y dio unos pasos hacia mí. Tenía todo el invierno por delante para ponerle un nombre y para soñar con mi próximo verano en la pampa.

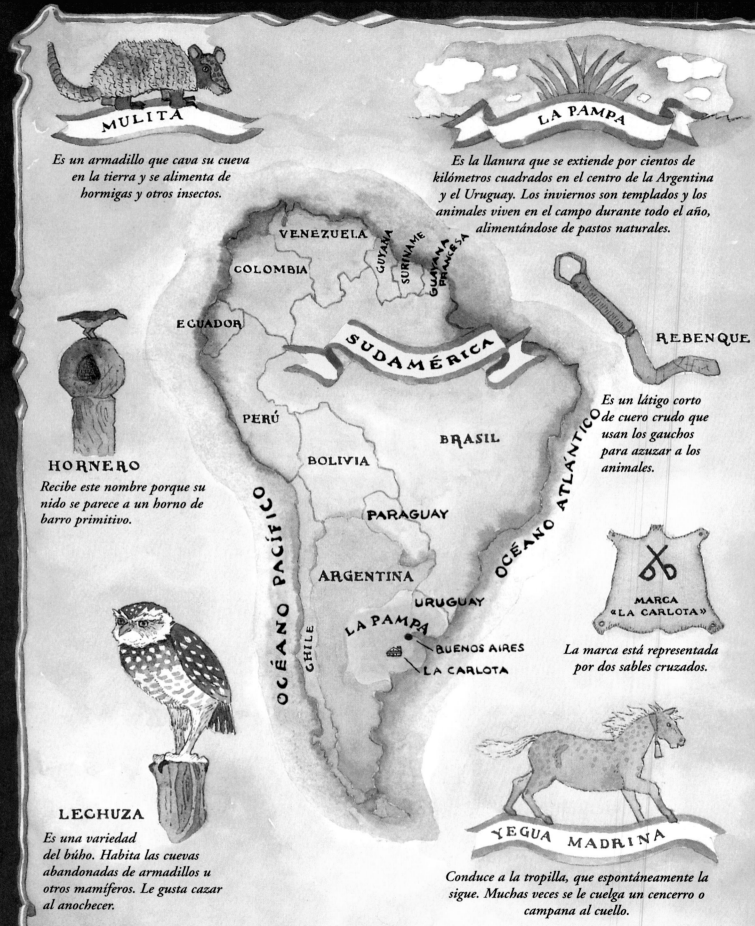

MULITA

Es un armadillo que cava su cueva en la tierra y se alimenta de hormigas y otros insectos.

LA PAMPA

Es la llanura que se extiende por cientos de kilómetros cuadrados en el centro de la Argentina y el Uruguay. Los inviernos son templados y los animales viven en el campo durante todo el año, alimentándose de pastos naturales.

HORNERO

Recibe este nombre porque su nido se parece a un horno de barro primitivo.

REBENQUE

Es un látigo corto de cuero crudo que usan los gauchos para azuzar a los animales.

MARCA «LA CARLOTA»

La marca está representada por dos sables cruzados.

LECHUZA

Es una variedad del búho. Habita las cuevas abandonadas de armadillos u otros mamíferos. Le gusta cazar al anochecer.

YEGUA MADRINA

Conduce a la tropilla, que espontáneamente la sigue. Muchas veces se le cuelga un cencerro o campana al cuello.

Map labels:
SUDAMÉRICA
VENEZUELA
GUYANA
SURINAME
GUAYANA FRANCESA
COLOMBIA
ECUADOR
PERÚ
BOLIVIA
BRASIL
PARAGUAY
ARGENTINA
URUGUAY
CHILE
LA PAMPA
BUENOS AIRES
LA CARLOTA
OCÉANO PACÍFICO
OCÉANO ATLÁNTICO

MATE

El mate es un té verde y amargo. Se bebe con un popote o bombilla de metal. Se sirve en una calabacita hueca, que también se llama mate.

ASADO

Carne, generalmente de vaca, asada al aire libre.

FACÓN

Es el cuchillo que usan los gauchos en el trabajo de campo.

BOLEADORAS

Fueron usadas por los antiguos gauchos para cazar ñandúes y otros animales, inmovilizándolos.

ROPAS DEL GAUCHO

RASTRA

Cinturón compuesto por una faja ancha de cuero, generalmente negro, decorada con monedas de plata de diversos países.

BOMBACHA

Pantalones muy anchos, ajustados en el tobillo.

ÑANDÚ

Se parece al avestruz y es una de las aves más grandes de América. Llega a medir 1,50 metros y pesa aproximadamente 25 kilos. Aunque no vuela, puede correr muy rápido. El ñandú macho incuba los huevos, protege el nido y cuida a los polluelos.

RECADO

Es la montura del gaucho, compuesta por varias capas de cuero y tejidos de lana, y cubierta por un mullido cuero de oveja.

ESTANCIA

Establecimiento dedicado a la cría de ganado o a la producción de cereales.

Keith Jardine

Guía de campismo

¡Viajar en bote es una aventura inolvidable!

Keith Jardine es un guía que trabaja para una escuela de campismo. Pero las clases no se dan en un salón. Jardine agarra un remo, se pone su chaleco salvavidas y se lanza al río en un bote inflable. Jardine se encarga de guiar a adultos y niños por los ríos más difíciles de navegar del estado de California. ¡Y le gusta muchísimo!

Jardine piensa que las aventuras de campismo, en o fuera del río, ayudan al niño a aprender sobre sí mismo.

—Aprenden que es bueno ir a distintos lugares y explorar cosas nuevas —dice Jardine.

Keith Jardine ha sido siempre un explorador en busca de aventuras. De niño hacía excursiones a pie y campismo con sus padres. Ellos le enseñaron cómo arreglárselas en el bosque. Este tipo de experiencia le ayudó a tener una gran confianza en sí mismo.

Como guía de campismo, Keith Jardine continúa en busca de nuevas experiencias, tal como los niños que van en bote con él. Una niña que al principio tuvo mucho miedo de ir en bote se dio cuenta de que podía hasta manejar el timón. Cuando terminaron la excursión dijo: —Mira, lo puedo hacer.

Keith Jardine piensa que experiencias nuevas como la de viajar en bote por el río ayudan al niño. Dice: —Lo que quiero es ayudar a estos niños a que tengan éxito. Pueden usar este sentimiento de éxito en otras cosas que hagan en la vida.

Consejos de Keith Jardine
para enfrentar situaciones nuevas

1 **Aprende tanto como puedas acerca de lo que vas a hacer. Haz preguntas.**

2 **Asegúrate de que tienes la ropa y el equipo que necesitas.**

3 **Repítete a ti mismo: "Puedo hacerlo".**

4 **Inténtalo, aunque te dé miedo.**

Piensa en la lectura

Escribe tus respuestas en una hoja aparte.

1. ¿Qué es lo que la narradora quiere aprender de Salguero?

2. ¿Qué tipo de persona es la narradora? ¿Cómo lo sabes?

3. Si visitaras la estancia, ¿qué es lo que más te gustaría hacer? ¿Por qué?

4. ¿Cuáles son las diferencias entre la vida de *En la pampa* y la vida en un rancho en Estados Unidos?

5. ¿Qué crees que la niña de *En la pampa* pensaría sobre participar en una de las excursiones en bote neumático por el río de Keith Jardine? Explica tu respuesta.

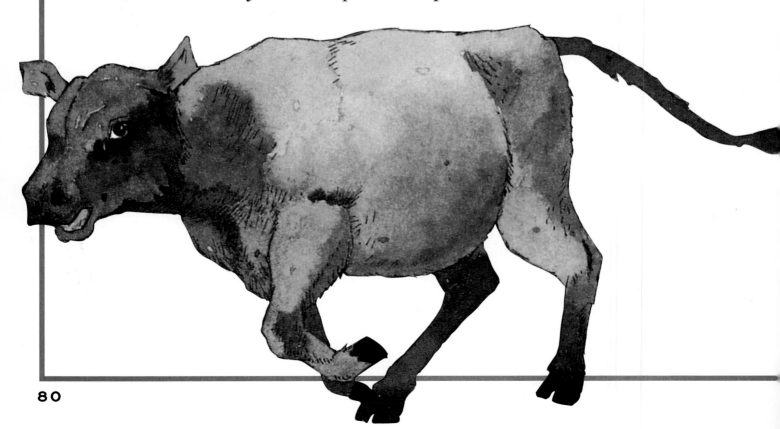

Escribe una entrevista

Eres un reportero del periódico de tu clase. Tu trabajo consiste en entrevistar a la niña de *En la pampa* sobre el verano que pasó en la estancia. Primero escribe dos o tres preguntas que te gustaría hacerle a la niña sobre sus aventuras. Después escribe las respuestas que ella te daría. Asegúrate de incluir detalles pintorescos en las respuestas a las preguntas.

Círculo literario

Tanto la vida en un rancho como una excursión en bote neumático por el río presentan muchos desafíos. ¿Qué consejo piensas que la niña de *En la pampa* le daría a la gente joven que se van de excursión en bote neumático? ¿Qué pensaría Keith Jardine sobre el consejo de ella?

Conozcamos a
María Cristina Brusca

María Cristina Brusca visitó realmente el rancho de sus abuelos cuando era niña y soñaba con ser un gaucho. *En la pampa* se trata de algunas de las muchas aventuras que ella tuvo. En la actualidad, vive en Kingston, Nueva York, pero aún tiene tiempo de montar a caballo en los campos cercanos.

Otros libros escritos por María Cristina Brusca

- *Herrero y el diablo*
- *Three Friends/Tres amigos*

Cómo

Escribir una anécdota

Cuenta una historia sobre algo que realmente te haya pasado.

Imagina que un amigo te dice: "A que no adivinas lo que hice el fin de semana pasado". Cuando escuchas estas palabras, esperas oír una anécdota personal. Una anécdota es una historia corta acerca de un hecho interesante o divertido. Nos gusta oír anécdotas personales, pero nos gusta más aún compartirlas. Y todos tenemos por lo menos una.

¿Te conté alguna vez....?

1

¿Qué cuentas?

Piensa en algo que te haya ocurrido y que sería interesante contar. Puede ser algo que te haya sorprendido.

Puede ser algo que no te gustaba y que con el tiempo te llegó a gustar. Puede ser algo acerca de ir a un lugar nuevo o conocer a gente nueva. Anota algunas ideas. Luego, elige la que te guste más.

MATERIALES

- papel y lápiz
- lápices de colores, creyones o marcadores de color

y cuando miré alrededor...

2

Reúne los datos

Piensa en tu anécdota. Trata de averiguar qué pasó realmente. Luego, toma notas. Asegúrate de que sabes el orden en que sucedieron los hechos.

Luego, revisa tus notas. Decide qué detalles de tu historia son los más importantes. ¿Te pasó algo sorprendente o divertido? ¿Aprendiste algo sobre ti mismo? ¿Sobre lo que puedes hacer o lo que te gusta hacer? Ahora ya tienes toda la información que necesitas para escribir tu anécdota.

¿Cómo me va?

Antes de escribir tu anécdota, tómate unos minutos para contestar estas preguntas:

- ¿Es mi anécdota sobre algo que me ocurrió?

- ¿Recuerdo las partes más importantes?

- ¿Tiene mi historia un buen final?

3 Escribe tu historia

Usa las notas para escribir tu historia. Comienza diciendo brevemente dónde tiene lugar. Luego, di qué sucede en ella. Mientras escribes, imagina que estás contando tu anécdota a tus amigos. Trata de que sea interesante. Después de escribirla, pon el título y tu nombre en la primera hoja.

Luego, ilustra tu anécdota. Para ilustrarla, elige la parte que te parezca más importante. Por ejemplo, si ganaste un premio, dibújate sosteniendo el premio.

Consejito Las anécdotas personales se cuentan siempre en primera persona. Esto significa que debes conjugar el verbo apropiadamente.

¡Qué aventura!

4 Cuenta tu historia

A todos nos gusta escuchar una buena historia. Lee la tuya a la clase. Habla en diferentes tonos de voz. Trata de entusiasmar, divertir o asustar a tu audiencia. Muestra también tus ilustraciones. Luego contesta las preguntas que te haga la clase.

Si usas la computadora …

Presiona el botón de la grabadora y cuenta tu anécdota. Puedes escuchar tu historia mientras la escribes. Tal vez quieras compartir las anécdotas con amigos *on-line*.

¡FELICIDADES!
Has aprendido cómo las nuevas experiencias te pueden cambiar. También te harán sentir bien contigo mismo.

Keith Jardine
Guía de campismo ▶

87

Grandes planes

Grandes planes

TEMA
Hacer planes y usarlos nos ayuda a resolver problemas.

UNIDAD 2

Bienvenidos a

Solares

Observar una construcción

Hacer planes y usarlos nos ayuda a resolver problemas.

LA SEDA

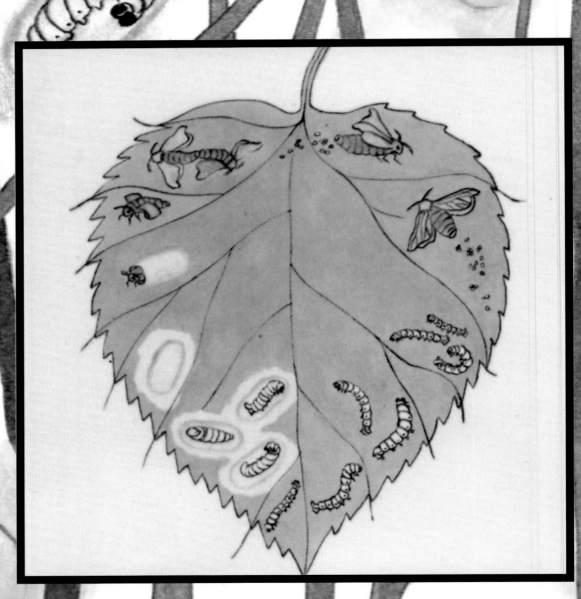

Escrito e ilustrado por Pascuala Corona

Hace miles de años, en China, la emperatriz Xi-Ling-Shi tomaba té en el jardín, bajo la sombra de un árbol de morera, cuando un capullo de gusano se desprendió de una rama y cayó en su taza. Al remojarse el capullo se despegaron unas hebras, que la curiosa Xi-Ling-Shi, jaló y jaló... descubriendo por casualidad el hilo de seda.

Los chinos tejieron con las lustrosas hebras
telas maravillosas que los mercaderes llevaban a
vender a países lejanos en largas caravanas de
camellos. Pero a nadie le decían que los gusanos
producían el hilo; era un
secreto tan grande que el
emperador decretó
pena de muerte
para aquél
que lo revelara.

Hasta que un día, otra princesa china, que criaba gusanos de seda, se casó con el gobernador de Kothan, un lugar cercano a Persia y a India. La princesa no quiso dejar de cultivar la seda y arriesgando su vida escondió dentro de su peinado semillas de morera y huevecillos de gusano; así cruzó la Gran Muralla China y salió por la Puerta de Jade, recostada en su palanquín.

Años más tarde, dos monjes griegos de la Orden de San Basilio fueron a Persia, donde ya cultivaban en secreto la seda. A su regreso, escondieron dentro de sus bastones de bambú semillas de morera y huevecillos de gusano; de esta manera los llevaron a su convento de Monte Athos y después a Constantinopla. De ahí pasaron a otros países.

Los árabes llevaron los gusanos de seda a España, Hernán Cortés a México y los frailes dominicos sembraron moreras en Oaxaca. Todavía las indígenas zapotecas tejen rebozos en telares de cintura, con la seda de sus gusanos.

Ahora vamos a ver lo que tardan los gusanos en hacer la seda. En la primavera cuando ya hay hojas de morera, los huevecillos que puso la mariposa el año anterior, se colocan sobre una servilleta. Al nacer los gusanitos son tan pequeños que hay que moverlos con una pluma de ave para no lastimarlos. Se crían en canastas a la sombra, lejos del frío y del calor.

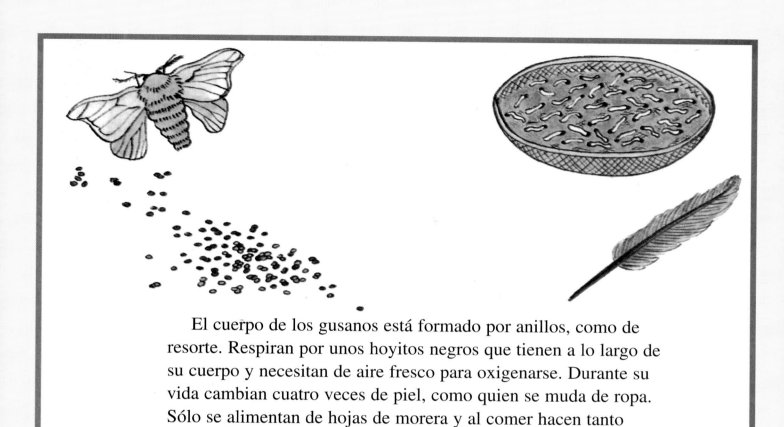

El cuerpo de los gusanos está formado por anillos, como de resorte. Respiran por unos hoyitos negros que tienen a lo largo de su cuerpo y necesitan de aire fresco para oxigenarse. Durante su vida cambian cuatro veces de piel, como quien se muda de ropa. Sólo se alimentan de hojas de morera y al comer hacen tanto ruido que hasta se les oye masticar.

Las moreras son árboles que tiran sus hojas durante el invierno y reverdecen en la primavera. Dan frutos pequeñitos rojos o blancos donde están las semillas. Los gusanos que se alimentan de las moreras blancas producen la mejor seda. Las hojas se les deben dar frescas pero no mojadas, pues se fermentan y les hacen daño.

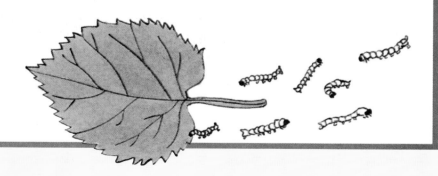

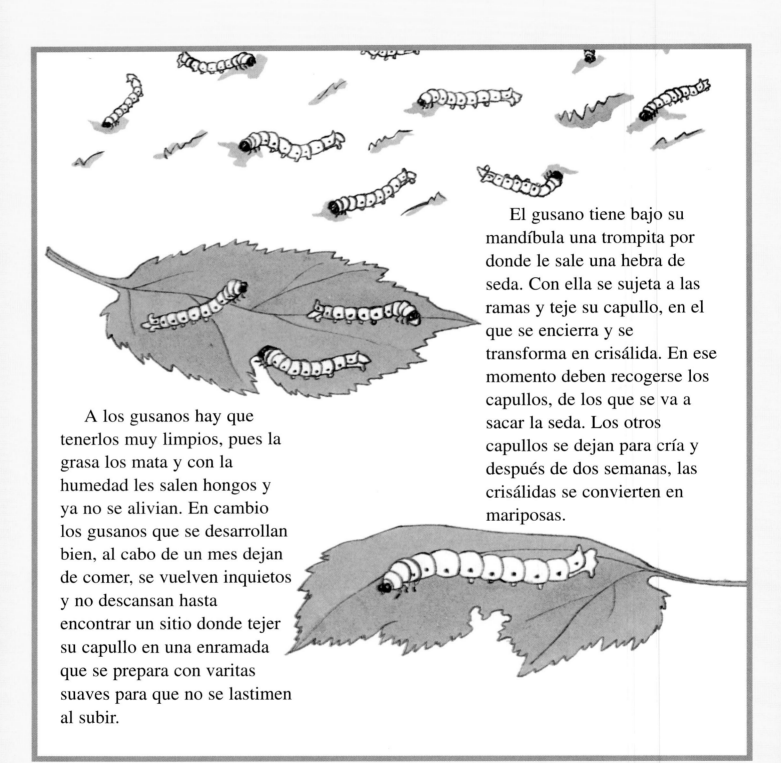

El gusano tiene bajo su mandíbula una trompita por donde le sale una hebra de seda. Con ella se sujeta a las ramas y teje su capullo, en el que se encierra y se transforma en crisálida. En ese momento deben recogerse los capullos, de los que se va a sacar la seda. Los otros capullos se dejan para cría y después de dos semanas, las crisálidas se convierten en mariposas.

A los gusanos hay que tenerlos muy limpios, pues la grasa los mata y con la humedad les salen hongos y ya no se alivian. En cambio los gusanos que se desarrollan bien, al cabo de un mes dejan de comer, se vuelven inquietos y no descansan hasta encontrar un sitio donde tejer su capullo en una enramada que se prepara con varitas suaves para que no se lastimen al subir.

Al salir de los capullos, las mariposas no comen, ni beben, ni vuelan. La hembra pone sus huevecillos sobre un papel que las personas que cultivan la seda guardan en un lugar frío y ventilado hasta la próxima primavera.

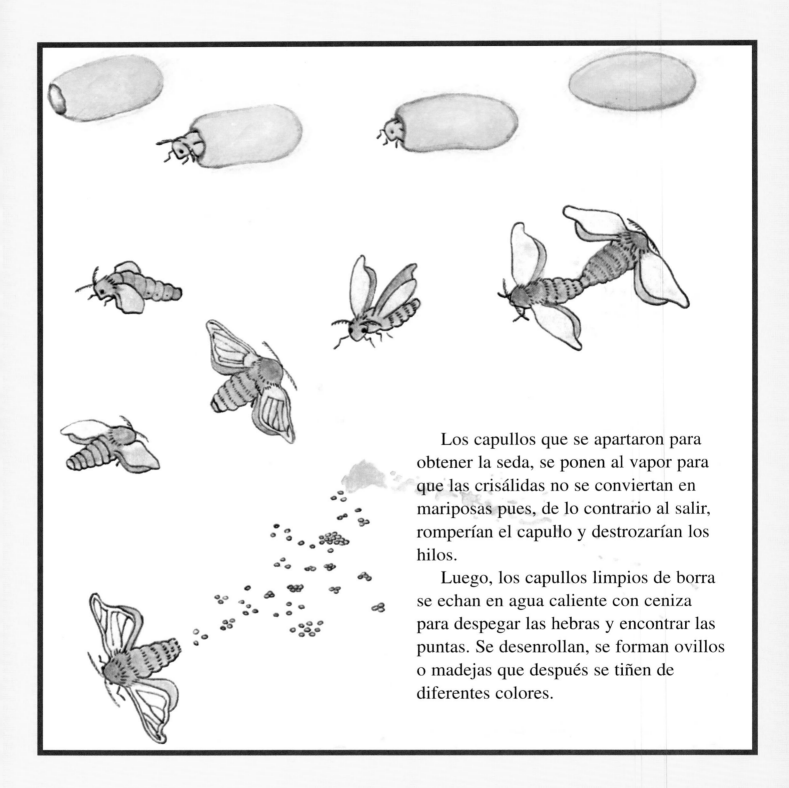

Los capullos que se apartaron para obtener la seda, se ponen al vapor para que las crisálidas no se conviertan en mariposas pues, de lo contrario al salir, romperían el capullo y destrozarían los hilos.

Luego, los capullos limpios de borra se echan en agua caliente con ceniza para despegar las hebras y encontrar las puntas. Se desenrollan, se forman ovillos o madejas que después se tiñen de diferentes colores.

Los gusanos aprovechan admirablemente su corta vida y, con trabajo y paciencia convierten la hoja de la morera en seda. Y colorín colorado, el cuento del camino de la seda ha terminado.

TRES COLORANTES PREHISPÁNICOS

Escrito por Beatriz de María y Campos Castelló
Ilustrado por Pascuala Corona

En Oaxaca se conserva la tradición de los tintes naturales. Los zapotecas cultivan el añil.

Para obtener el colorante se utilizan pilas escalonadas comunicadas entre sí. En la primera se dejan reposar las hierbas en agua hasta que fermentan y toman un color amarillo verdoso. En la segunda, se pone el fruto del árbol guya-vere o cal para que cuaje, y se bate fuertemente con un remo. Al pasar a la tercera pila y al asentarse, el color se vuelve azul.

En la cuarta pila, se tira el agua y los residuos escurridos se echan en canastas. El añil se vacía en costales o en mantas de algodón, que se sujetan a unos armazones de troncos de árbol. Se deja unas doce horas a que acabe de soltar el agua y quede solamente un lodito espeso.

El lodo, que es el colorante, se pone a secar en tejas de barro. Ya seco se desprende solo y se guarda en barriles de madera para que se abrillante.

En Amatengo, se crían cochinillas de las que sacan el color magenta. Las cochinillas son insectos grises cubiertos de un polvo blanco; las hembras son las que producen el colorante. Para alimentarse se clavan en la penca del nopal, con una especie de pico que tienen para chupar, y ya no vuelven a moverse.

A los tres meses, se quitan las cochinillas del nopal. Unas se apartan para cría, y las otras se ponen a secar al sol sobre un petate. Una vez secas se guardan en sacos de cuero para la venta. La gente que compra las cochinillas las muele hasta que obtiene un polvo muy fino que se mezcla con agua.

En San Mateo del Mar, el color morado se saca del caracol púrpura llamado pansa, que vive adherido a las rocas en la costa del Pacífico.

De octubre a marzo, cuando la fase de la Luna es favorable y baja la marea, los indígenas huaves y mixtecos van en busca de los caracoles. Para conseguir el colorante, le sacan el agua de mar; luego le ponen saliva y lo pellizcan suavemente hasta que suelta una espuma lechosa. Hacen gotear el líquido directamente en madejas de hilo de algodón. Después colocan al caracol en alguna grieta de las rocas y lo remojan con agua para que se recupere. Se necesitan muchos caracoles para pintar las madejas que, al ser expuestas al sol, toman un color amarillo verdoso, después verde azuloso y finalmente violeta.

Piensa en la lectura

Escribe tus respuestas en una hoja aparte.

1. ¿Dónde y cómo comenzó el tejido de la seda?

2. ¿Por qué se necesitan moreras para hacer la seda?

3. ¿Crees que resultaría fácil o difícil ser un cultivador de seda? Explica tu respuesta.

4. El autor dice que las hojas de la morera se convierten en la seda. ¿Cómo pueden las hojas convertirse en seda?

5. En *La seda* descubres cómo la gente usa gusanos para hacer seda. En "Tres colorantes prehispánicos" aprendes cómo la gente usa cochinillas y caracoles para producir colorantes. ¿Cómo expresarías en una oración la idea principal de ambas lecturas?

ESCRIBE INSTRUCCIONES

Escribe un conjunto de instrucciones para hacer seda. Comienza con lo que se necesita: árboles de morera y huevos de gusanos de la seda. Indica lo que hay que hacer en el paso 1, paso 2 y así sucesivamente.

CÍRCULO LITERARIO

Éste podría ser el comienzo de un cuento sobre la seda: "Hace mucho, mucho tiempo en China, la Emperatriz de China se hallaba sentada en su precioso jardín. Mientras tomaba té en silencio, escuchó un *tintineo*." Túrnense para indicar qué pasaría a continuación en el cuento. Pueden anotar sus respuestas en un esquema del cuento.

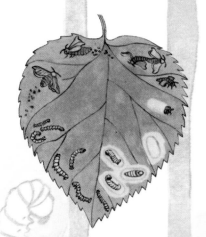

Conozcamos a PASCUALA CORONA

A la autora e ilustradora mexicana Pascuala Corona le encanta contarles cuentos a los niños. Ella sabe que a los niños del mundo entero les gusta aprender cómo se hacen las cosas y cómo funcionan.

¡Qué montón de
TAMALES!

Escrito por GARY SOTO
Ilustrado por ED MARTÍNEZ
Traducido por ALMA FLOR ADA
y F. ISABEL CAMPOY

A los miembros de la Iglesia Presbiteriana Hispana de Oakland,
especialmente Heidy Morataya—G. S.
A mi mejor amiga, mi esposa, Debbie—E. M.

106

La nieve se iba amontonando en las calles y como empezaba a oscurecer, los árboles de Navidad resplandecían desde las ventanas.

María despegó la nariz del cristal de la ventana y regresó al mostrador de la cocina. Se estaba portando como una niña grande, ayudando a su madre a hacer tamales. Tenían las manos pegajosas de masa.

—Lo estás haciendo muy bien —le dijo su mamá.

María, contenta, se puso a trabajar la masa con las manos. Se sentía como una persona mayor llevando el delantal de su madre puesto. Su mamá incluso la había dejado pintarse los labios y ponerse perfume. "Si sólo pudiera ponerme el anillo de mamá", pensaba ella.

La madre de María había dejado su anillo de diamantes sobre el mostrador de la cocina. A María le fascinaba como brillaba, igual que las luces del árbol de Navidad.

Cuando su madre salió de la cocina para contestar el teléfono, María no pudo resistir la tentación. Se limpió las manos en el delantal y miró de reojo hacia la puerta.

"Me lo pondré sólo un ratito", se dijo para sí misma.

El anillo le brillaba en el dedo.

María siguió trabajando la masa en la que sus manos se hundían una y otra vez. El anillo en su pulgar desaparecía y reaparecía en la masa pegajosa.

Su madre regresó a la cocina y le dijo retirándole la fuente de las manos:

—Ve a buscar a tu papá para que nos ayude con esta parte.

Y los tres empezaron a repartir la masa en las hojas secas de maíz. El padre de María colocaba la carne en el centro y doblaba las hojas. Luego colocaba los tamales en una gran olla que estaba al fuego.

Hicieron veinticuatro tamales mientras las ventanas se empañaban con caracolillos de vapor de un olor delicioso.

Unas horas más tarde, con los brazos cargados de regalos muy vistosos llegó la familia: los abuelos de María, su tío y su tía y sus primos Dolores, Teresa y Danny.

María los saludó a todos con un beso. Luego cogió del brazo a Dolores y se la llevó arriba a jugar, mientras los otros primitos las seguían.

Recortaron dibujos del periódico, dibujos de los juguetes que esperaban estuvieran en los paquetes que había debajo del arbolito de Navidad. Mientras María recortaba el dibujo de un collar de perlas sintió un escalofrío por todo el cuerpo.

—¡El anillo! —gritó.

Todos la miraron con sorpresa.

—¿Qué anillo? —preguntó Dolores.

Sin responder, María corrió hacia la cocina.

Los tamales, todavía humeantes, se amontonaban en una fuente. "El anillo está dentro de uno de estos tamales", se dijo a sí misma. "Debió de caérseme cuando trabajaba la masa."

Dolores, Teresa y Danny llegaron a la cocina siguiéndola.

—¡Tienen que ayudarme! —gritó María.

Los cuatro se miraron. Danny fue el primero en hablar:

— Y ¿qué quieres que hagamos?

—¡Hay que comerse estos tamales! —dijo ella —. Y si muerden algo duro, díganmelo.

Los cuatro empezaron a comer. Iban arrancando las hojas y comiéndose los tamales. El primero estaba estupendo, el segundo también estaba bueno, pero al tercer tamal ya se habían cansado del sabor.

—Tienen que seguir comiendo —les ordenó María.

Las hojas de maíz habían ido cubriendo todo el suelo. Tenían el estómago tan hinchado que les dolía, pero los primos siguieron comiendo hasta que no quedó más que un tamal en la fuente.

—Tiene que ser éste —dijo María—. ¡El anillo tiene que estar en éste! Cada uno tiene que darle un mordisco. Tú primero, Danny.

Danny era el más pequeño así que no protestó. Le dio un mordisco. Nada.

Dolores le dio otro mordisco. Nada. Teresa le dio un mordisco bien grande. Todavía nada. Le tocó el turno a María. Respiró hondo y lenta, suavemente, se metió en la boca el último trozo de tamal.

¡Nada!

—¿Ninguno de ustedes mordió algo duro? —preguntó María.

Danny frunció el ceño:

—Yo creo que me tragué algo duro —dijo.

—¡Que te lo tragaste! —gritó María con ojos aterrorizados. Le miró dentro de la boca.

Teresa dijo:

—Yo no mordí nada duro pero me siento mal. —Se sujetó el estómago con ambas manos. ¡María no se atrevió a mirar dentro de la boca de Teresa!

Quería echarse al suelo y llorar. Ahora el anillo estaba en la garganta de su primo o, peor aún, en su barriga. ¿Cómo iba a poder decirle algo así a su madre?

"Pero se lo tengo que decir", pensó.

Sentía cómo las lágrimas pugnaban por salir cuando llegó a la sala donde estaban los mayores charlando.

Hablaban tan alto que María no se atrevía a interrumpirlos. Por fin, le tiró a su madre de la manga.

—¿Qué pasa? —le preguntó su madre, cogiéndola de la mano.

—He hecho algo que está mal —dijo María entre sollozos.

—¿Qué hiciste? —preguntó su mamá.

María pensó en el hermoso anillo que a estas horas estaría en la barriga de Danny, y se preparó para confesar.

Y entonces se quedó boquiabierta. El anillo estaba en el dedo de su madre, tan brillante como siempre.

—¡El anillo! —casi gritó María.

La madre de María le quitó al anillo un pedacito de masa seca.

—¿Estuviste jugando con él? —le dijo con una suave sonrisa.

—Quería ponérmelo —dijo María, con los ojos fijos en la alfombra. Y entonces les contó toda la historia de cómo se habían comido los tamales.

Su madre jugueteó un poco con su anillo en el dedo. De él se desprendió un guiño de plata. María alzó la vista y su tía Rosa también le hizo un guiño con el ojo.

—Bueno, parece que todos vamos a tener que cocinar otra tanda de tamales —dijo Rosa animadamente.

María se sujetó el estómago mientras todos desfilaban hacia la cocina haciendo bromas y riéndose. Al principio todavía sentía ganas de llorar mientras trabajaba la masa en una gran fuente, junto a su tía Rosa. Mientras sus manos se hundían y volvían a resurgir, una lágrima rezagada cayó desde sus pestañas a la fuente y por un segundo resplandeció como una joya en su dedo.

Entonces Rosa le dio un codazo cariñoso y le dijo:

—Anda, niña, que no es para tanto. Además, todo el mundo sabe que la segunda tanda de tamales siempre sabe mejor que la primera, ¿verdad?

Cuando Dolores, Teresa y Danny oyeron eso desde el otro extremo de la cocina, dejaron escapar un gruñido del tamaño de veinticuatro tamales.

Entonces María no pudo contenerse y se echó a reír. Y en un momento todos estaban riéndose, incluso su madre. Y cuando María volvió a meter las manos en la fuente de la masa, la última lágrima había desaparecido.

del libro

Jitomates Risueños

escrito por Francisco X. Alarcón
ilustrado por Maya Christina Gonzalez

Oda al maíz

padre
madre
regalo
del sol

tierra
agua
aire
luz

como
las razas
del mundo
te apareces

negro
amarillo
rojo
y blanco

tus elotes
nacen
apuntando
al cielo

tu pelo
de seda
lo mece
el viento

hermana
hermano
venado
verde

mis manos
cosecharán
tus sonrisas
enmascaradas

PIENSA EN LA LECTURA

Escribe tus respuestas en una hoja aparte.

1. ¿Por qué María y sus primos se comen los tamales?

2. ¿Cómo es la familia de María? ¿Qué sentimientos hay entre los miembros de la familia?

3. Imagina que fueras María, ¿qué harías para hallar el anillo?

4. ¿Cómo muestra el autor, Gary Soto, la cultura mexicanoamericana en esta historia?

5. María y su familia podrían tener un interés especial en el poema "Oda al maíz". ¿Por qué?

ESCRIBE UNA NOTA DE AGRADECIMIENTO

Imagina que fueras María. En la reunión de Navidad, has recibido un gran regalo de uno de tus primos. Escríbele a tu primo una nota de agradecimiento. Dile por qué te gusta el regalo. Asegúrate de incluir la fecha, el saludo y la despedida en tu nota.

CÍRCULO LITERARIO

Al leer *¡Qué montón de TAMALES!*, ¿cómo pensaste que terminaría? Piensa en otro final feliz para el cuento. Imagina una situación distinta para el anillo. Decide qué sentirían los personajes y cómo cambiaría el cuento al principio, a la mitad y al final. Haz un esquema que muestre tu nuevo final.

Conozcamos a Gary Soto

Gary Soto no ha olvidado su niñez. Sus recuerdos de haber crecido en una comunidad mexicanoamericana en Fresno, California, a menudo aparecen en sus cuentos. El autor dice: "Escribir es mi único talento. Hay mucha gente que nunca descubre su talento. Me siento afortunado de haber encontrado el mío."

Otros libros escritos por Gary Soto

- *Canto familiar*
- *Chato y su cena*
- *Beisbol en abril*

La estrella de Ángel

Escrito por Alberto Blanco ★ Ilustrado por Rodolfo Morales

En aquel pueblo, como en todos los pueblos, había una plaza. Y junto a la plaza había una iglesia, y en la iglesia una campana. Y la campana, como todas las campanas, repicaba... o al menos eso recordaba Ángel. Porque desde el triste día en que desapareció la campana del pueblo, la vida de su gente no era la misma. Ya no se levantaba con sus alas de bronce, ni sabía de los casamientos ni los velorios por sus campanadas.

★ ★ ★ ★

Algunos decían que la campana había sido vendida por el párroco a un coleccionista extranjero; otros decían que unos revolucionarios se la habían robado para fundirla y hacer con el metal cañones; otros decían que simple y sencillamente había desaparecido.

El caso es que en ese pueblo ya no había campana. Y la gente había terminado por acostumbrarse. Pero Ángel no era de ésos. No podía olvidarse de la campana de su pueblo.

Para despejar su mente de tristes recuerdos, decidió proseguir con su trabajo de todas las tardes: hacer papalotes, cometas o *estrellas*, como los llamaban en su tierra. Ángel imaginaba, fabricaba y vendía las estrellas más bonitas de su pueblo, por lo cual se sentía muy contento y orgulloso.

Hilos de colores, popotes, paja, papel de china y engrudo bastaban para que su imaginación y sus manos dieran forma a las más bellas fantasías: paisajes, personas, animales, criaturas nunca vistas, bicicletas, lunas y soles...

Allá iban las hermosas cometas, las hermosas
estrellas, bailando en el viento ante el regocijo de todos
los niños y de muchos de los mayores. Pero el recuerdo de la
campana seguía lastimando su corazón.

Hasta que una tarde, para sacudirse la nostalgia por la
campana desaparecida, Ángel decidió hacer el papalote más bonito
del mundo. Lobo, Chino y Rabito, sus tres perritos, sus inseparables
compañeros, estaban a su lado.

Un mes completo estuvo encerrado trabajando en su obra maestra. Durante ese tiempo los niños del pueblo dejaron de verlo fabricar y vender estrellas.

Cuando por fin terminó su obra, Ángel casi no lo podía creer: allí estaba, en una cometa enorme y bellísima, todo el pueblo pintado, con sus calles, sus árboles, su plaza, sus caballos, sus bicicletas, su kiosco, sus gallos, su iglesia y, claro, ¡su campana!

Ángel lo había conseguido: si bien la iglesia de su pueblo no tenía campana, al menos el pueblo de su estrella sí la tenía. Y ahora, ¡sólo había que echarla a volar!

Aquel sábado de intenso viento, ante la mirada atenta de todos, la estrella de Ángel comenzó a elevarse, con su pueblo, sus nubes y su cielo, en el cielo sin nubes de su pueblo. Pero parecía que Lobo, Chino y Rabito presentían algo, pues sus colitas no se meneaban alegres como siempre.

El viento soplaba con tal fuerza que la cometa comenzó
a salirse de control. Ángel no pudo evitar que se le escapara.

¡Qué desesperación sintió al ver que perdía también esta
campana que él mismo había fabricado para dar alegría a su gente!

Todos comenzaron a correr detrás de la estrella
que cada vez se alejaba más. De pronto algunos
niños tuvieron la brillante idea de perseguir al papalote
en sus bicicletas. Y detrás de las bicicletas, los perros...

Cuando llegaron a la estación del tren los niños más chicos dieron marcha atrás. Los más grandes y decididos pasaron las vías, y se internaron en los campos de cultivo.

Cuando llegaron al pie de los montes, allí donde terminan los maizales, ya sólo quedaban unos cuantos amigos junto a Ángel. Acordaron seguir a pie, pues las bicicletas ya no eran útiles en esos terrenos. Una pálida luna sonreía a la distancia.

Al atardecer, los últimos amigos que acompañaban a Ángel se dieron por vencidos. Parecía que la cometa más bella del mundo, brillante allá en lo alto, les hacía muecas de burla o de complicidad.

Solamente Lobo, Chino y Rabito acompañaron a Ángel hasta la punta del cerro. Llegaron justo al ocaso. Desde esa altura, allá abajo, se veía el pueblo preparándose para descansar, y, enfrente, más bella que nunca, la estrella resplandeciente con los últimos rayos del sol.

Como ya no era posible subir más, Lobo,
Chino y Rabito se tendieron a recuperar el aliento
mientras la cometa —¿o era una estrella?— hacía lo mismo.

Ángel sintió de pronto que si había tenido la paciencia
suficiente para trabajar un mes completo en la
fabricación de su cometa, bien podía esperar
unas horas a que ésta bajara cuando dejara
de soplar el viento.

El frío, la oscuridad, la fatiga y la soledad en las alturas no lograron hacer que Ángel y sus perritos guardianes abandonaran su puesto de observación: se hicieron bolita para darse calor y mantuvieron los ojos bien abiertos.

Así soportaron toda la noche hasta que, un poco antes del amanecer, sucedió algo maravilloso: ¡la cometa se encendió como una estrella azul en las alturas! Ángel no supo a ciencia cierta si estaba despierto o soñando...

De pronto dejó de soplar el viento y se hizo un silencio enorme. La cometa iluminada comenzó a descender majestuosamente hasta posarse con delicadeza en tierra.

Ángel y sus tres perritos corrieron hasta el sitio donde yacía la estrella.

El cielo, más profundo que el mar, compartió su alegría con las primeras luces del alba.

Ángel tomó la cometa amorosamente entre sus manos, pero, de pronto, descubrió que en el pueblo de su dibujo estaba todo en su sitio: la plaza, los animales, todo, sí, pero... ¡faltaba la campana!

Para su mayor sorpresa, en ese momento oyó a lo lejos el sonido más hermoso que sus oídos hubieran escuchado nunca: ¡Allá abajo estaba repicando la campana de su pueblo! Ángel bajó corriendo entusiasmado...

Cuando Ángel llegó a la plaza de su pueblo, el domingo al mediodía, con Lobo, Chino y Rabito, se encontró con que todo el pueblo celebraba una gran fiesta.

Su familia lo recibió con inmensa alegría. Pero no sólo había fiesta por su regreso y el de los tres perritos guardianes.

En la madrugada, misteriosamente, había vuelto a aparecer —*casi* nadie sabe cómo— la campana de su pueblo.

Cómo hacer un
papalote

Horacio Albalat

Hay muchos diseños de papalotes. En cada región se hacen diferentes, según el material disponible y la fuerza del aire y las costumbres. Según los lugares y la forma les dicen palomas, cometas, barriles, etc. *Papalotl* en idioma náhuatl significa mariposa. Vamos a construir uno al que le llaman *diamante*.

1. Van a hacer falta varitas de carrizo fuerte, hilos de cáñamo, papel de china, pegamento, tijeras y retazos de tela para la cola. Primero se cortan dos varitas, una de ellas un poco más corta que la otra y se les hace una pequeña muesca en las puntas. Si bien el papalote se puede hacer de cualquier tamaño, es bueno tener en cuenta la medida comercial del papel de china para aprovecharlo mejor.

2. Se arma una cruz con los dos carrizos y se amarra muy fuerte en el centro. Después se ata un hilo rodeando todo el perímetro, pasando por las muescas de las puntas. Va a quedar la figura de un rombo. Luego viene el momento de pegar el papel, para lo cual se coloca este armazón encima de él y se corta dejando 2 cm de "pestaña"; se dobla y se pega bien.

3. La parte más difícil y delicada es la de amarrar los "tirantes" o sea los hilos con los que se amarrará el papalote para subirlo. Arriba se ata un hilo suelto y en los brazos de la cruz, las dos puntas de otro hilo, que debe ser tan largo como la medida de los dos bordes más chicos del rombo. El hilo suelto se amarra a la mitad del hilo largo y este hilo debe tener la distancia tal como para que este nudo, con el hilo estirado, llegue hasta el centro del papalote. Desde este nudo que une los "tirantes" se amarrará el hilo largo con el que lo vamos a subir.

4. En la punta de abajo del rombo se amarra otro hilo y de ahí la cola, fabricada con retazos de trapo.

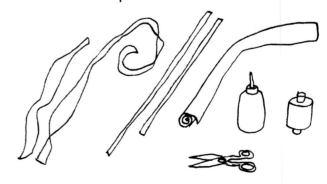

hacerle unas muescas

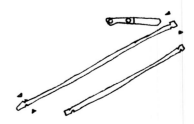

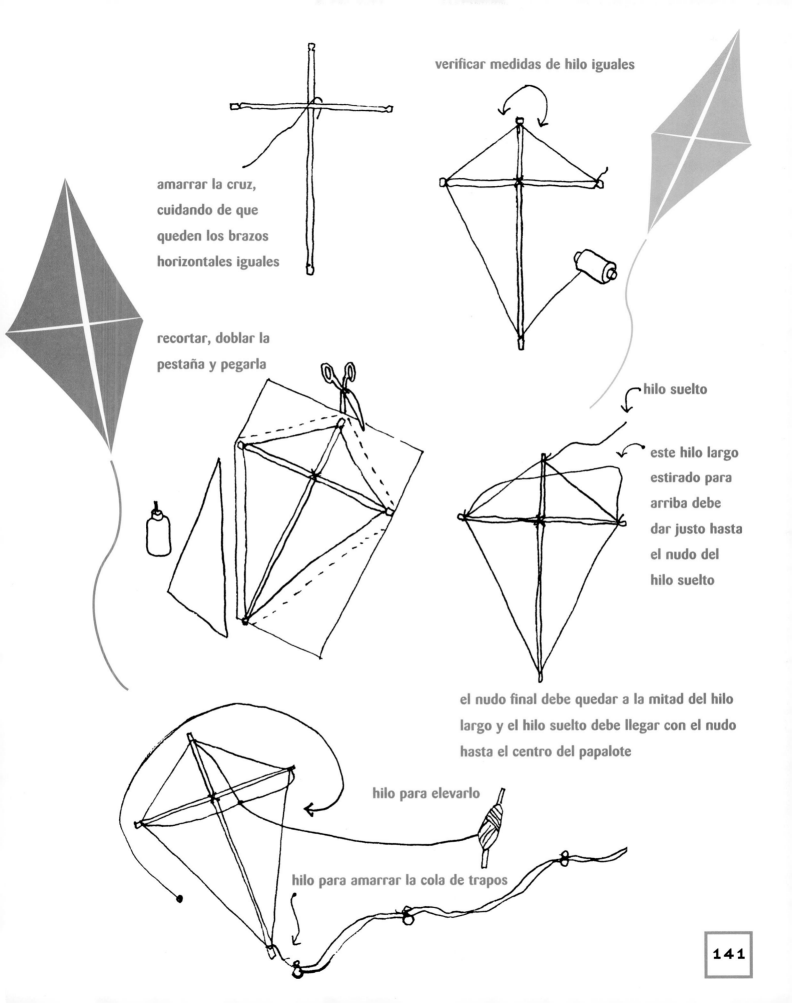

amarrar la cruz,
cuidando de que
queden los brazos
horizontales iguales

verificar medidas de hilo iguales

recortar, doblar la
pestaña y pegarla

hilo suelto

este hilo largo
estirado para
arriba debe
dar justo hasta
el nudo del
hilo suelto

el nudo final debe quedar a la mitad del hilo
largo y el hilo suelto debe llegar con el nudo
hasta el centro del papalote

hilo para elevarlo

hilo para amarrar la cola de trapos

141

Piensa en la lectura

En una hoja aparte, contesta las preguntas de este esquema del cuento.

Escenario

1. ¿Dónde tiene lugar el cuento?

Problema y personaje

2. ¿Qué problema aflige al personaje principal?

3. ¿Qué tiene de especial el personaje principal?

Sucesos

4. ¿Cuál es la obra maestra de Ángel?

5. Ángel eleva su estrella al cielo. ¿Qué ocurre entre ese momento y justo antes del amanecer siguiente?

Desenlace

6. ¿Por qué es misterioso el final?

Escribe un discurso

El alcalde del pueblo de Ángel quiere dar un discurso breve a los agradecidos habitantes del pueblo sobre el regreso de la campana. Prepárale un discurso corto. Escribe tres o cuatro oraciones. Habla sobre la campana y por qué es importante para el pueblo.

Círculo literario

Imagina que el personaje, Ángel, está escribiendo las instrucciones para construir un papalote. ¿Qué pasos crees que mencionaría para los constructores de papalotes? Puedes anotar estos pasos en un esquema. ¿En qué se diferencian las instrucciones de Ángel a las que Horacio Albalat da en "Cómo hacer un papalote"?

Conozcamos a Alberto Blanco

Alberto Blanco no necesita tocar ningún instrumento para crear música. La crea con palabras. Alberto Blanco es uno de los más famosos poetas mexicanos. También escribe libros infantiles. El cuento de Blanco que acaban de leer fue ilustrado por su esposa, Pamela Revah.

Otros libros escritos por Alberto Blanco

- El día de Miranda para bailar
- Un sueño de Navidad

¡CÓMO CRECE EL RASCACIELOS!

PREMIO

GAIL GIBBONS

Miles de personas quieren trabajar y vivir en la manzana vacía. Es un espacio muy pequeño para tanta gente. Hay que construir un rascacielos.

Se saca una **muestra de tierra** para ver cómo es el suelo. Así los constructores saben qué tipo de cimientos deben poner.

Un **inspector municipal** le da al dueño una **licencia de construcción**, el permiso para construir.

El **dueño** debe pagar la construcción del rascacielos.

Los **agrimensores** miden el terreno donde irán los cimientos.

Un **ingeniero especializado** diseña los cimientos.

Se calcula el **peso** del edificio.

Primero se hace una investigación del lugar para estudiar el suelo donde irán los *cimientos*, la parte del rascacielos que queda bajo tierra.

Se hacen los planos para los cimientos...

Los **arquitectos** diseñan el rascacielos.

y para las otras partes del edificio.

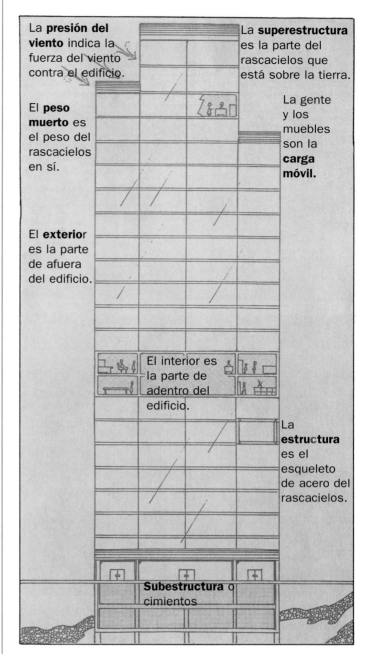

La **presión del viento** indica la fuerza del viento contra el edificio.

El **peso muerto** es el peso del rascacielos en sí.

El **exterio**r es la parte de afuera del edificio.

La **superestructura** es la parte del rascacielos que está sobre la tierra.

La gente y los muebles son la **carga móvil.**

El interior es la parte de adentro del edificio.

La **estructura** es el esqueleto de acero del rascacielos.

Subestructura o cimientos

retrete portátil

El **contratista** decide cuándo deben llegar al lugar las maquinarias, los obreros y los materiales.

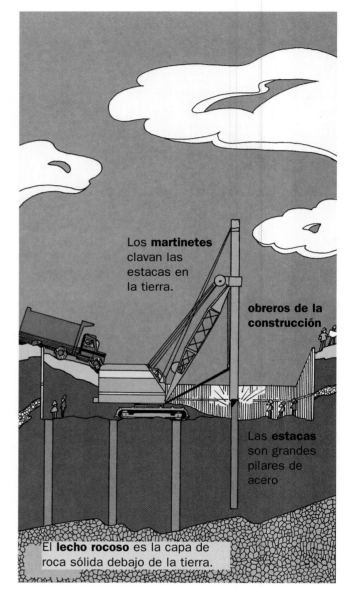

Los **martinetes** clavan las estacas en la tierra.

obreros de la construcción

Las **estacas** son grandes pilares de acero

El **lecho rocoso** es la capa de roca sólida debajo de la tierra.

Después de muchos meses de planeamiento, comienza la construcción. Se excava un pozo para los cimientos. El pozo se vuelve cada vez más...

y más profundo. Las estacas se clavan en la tierra hasta que chocan con el lecho rocoso.

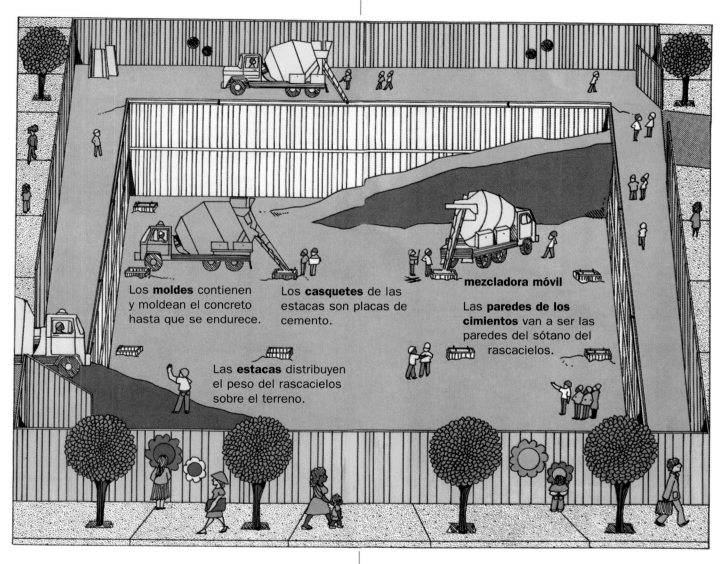

Los **moldes** contienen y moldean el concreto hasta que se endurece.

Los **casquetes** de las estacas son placas de cemento.

mezcladora móvil

Las **paredes de los cimientos** van a ser las paredes del sótano del rascacielos.

Las **estacas** distribuyen el peso del rascacielos sobre el terreno.

Para hacer los casquetes se vierte concreto en moldes de madera colocados sobre cada estaca. De cada casquete sobresalen varas de metal.

Al mismo tiempo, se construyen los moldes para la pared exterior de los cimientos. Las mezcladoras vienen a rellenarlos día y noche.

Los **pernos de anclaje** sujetan las altas columnas de acero a los casquetes de las estacas.

Los **moldes de madera** se sacan...

listón-guía

alisadora

Las **columnas** o **vigas**, son de acero y tienen forma de H.

...una vez que el concreto se endurece.

Cuando el concreto de los casquetes de las estacas se ha endurecido, se conectan los pernos a las varas de metal. Se vierte el cemento para el piso del sótano y se alisa.

Las grúas llegan al lugar para colocar las columnas en posición. Entonces, las columnas se sujetan a los casquetes de las estacas. Así se comienza la estructura.

Los **travesaños, o vigas maestras,** tienen forma de I.

grúa

Los **herreros** unen las columnas y las vigas con pernos.

Planchas de metal forman el armazón que sostiene la losa de concreto del piso.

Un **armazón de alambre** refuerza el concreto.

Cuando las columnas están en su lugar se conectan por medio de vigas maestras.

La estructura tiene forma de caja. Un piso de metal se suelda encima de la estructura. Se coloca un armazón de alambre sobre el piso y se vierte concreto. Este nivel va a ser el techo del nivel de abajo y el piso del nivel de arriba.

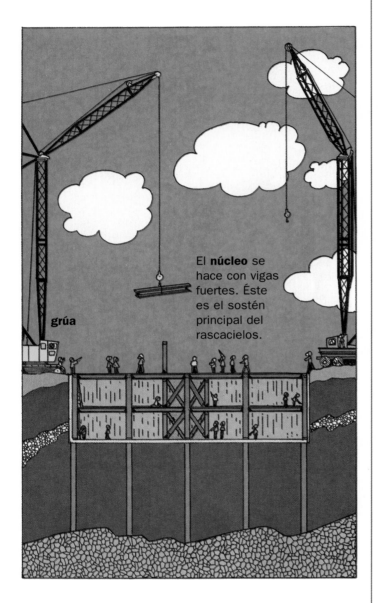

grúa

El **núcleo** se hace con vigas fuertes. Éste es el sostén principal del rascacielos.

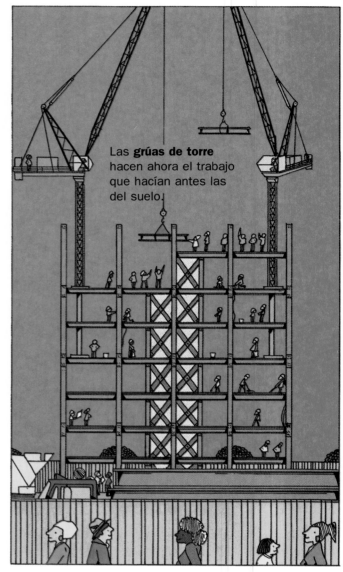

Las **grúas de torre** hacen ahora el trabajo que hacían antes las del suelo.

Se repite el procedimiento. Ahora la subestructura está a nivel del suelo. En el centro se comienza a construir el núcleo. Es la parte más fuerte del rascacielos —su columna vertebral.

El contratista hace un plan de los materiales que se van a necesitar diariamente. Llegan los camiones. Los herreros agregan un piso... y otro... y otro. Se instalan las grúas de torre. Cada piso se conecta al núcleo. Cada vez que se terminan dos pisos, las grúas de torre se suben hacia el nivel superior.

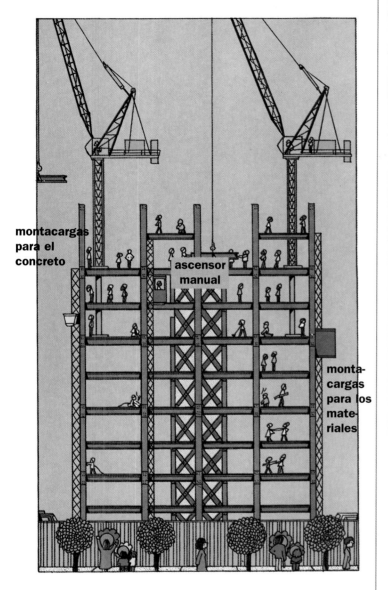

montacargas para el concreto

ascensor manual

monta- cargas para los mate- riales

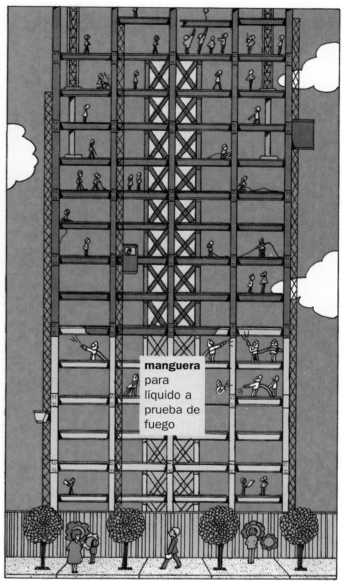

manguera para líquido a prueba de fuego

¡Cómo crece el rascacielos! La gente se para a mirar. Los obreros suben y bajan en el ascensor manual. Se añaden los montacargas para llevar el concreto y los materiales.

Mientras los herreros siguen construyendo arriba, otros obreros rocían las vigas de abajo con líquido a prueba de fuego.

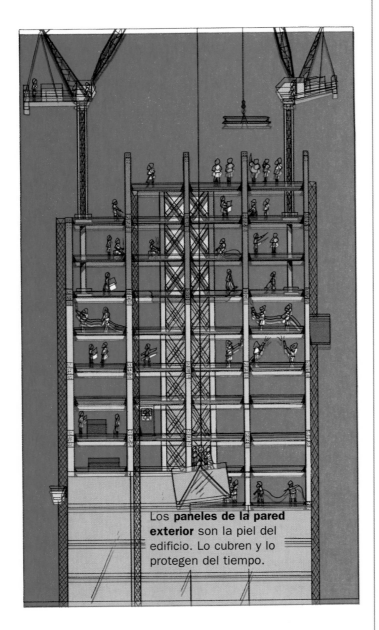

Los **paneles de la pared exterior** son la piel del edificio. Lo cubren y lo protegen del tiempo.

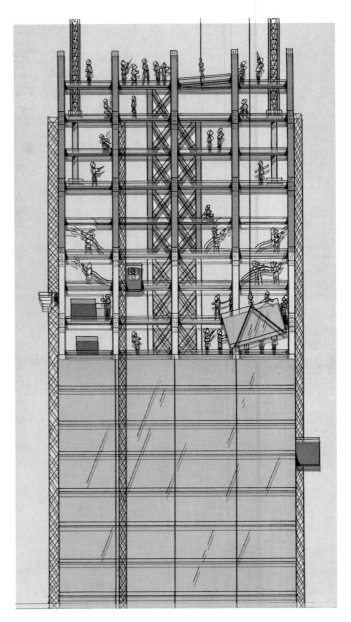

Las grúas del edificio se suben otra vez. Se sujetan más vigas. Abajo, donde ya se ha rociado el líquido a prueba de fuego, se instalan paneles y ventanas.

Se agregan más pisos.

instaladores de ascensores

carpinteros

electricistas

Los **ascensores** se instalan dentro del núcleo.

plomeros

especialistas en calefacción y aire acondicionado

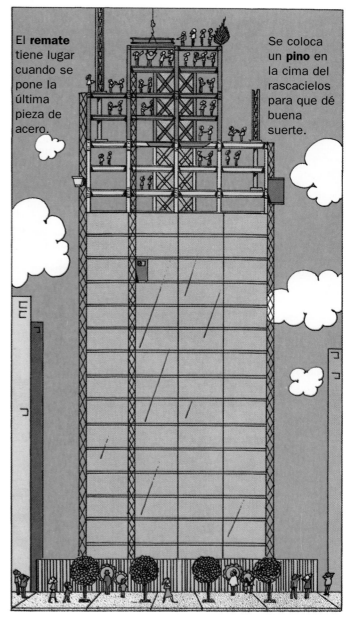

El **remate** tiene lugar cuando se pone la última pieza de acero.

Se coloca un **pino** en la cima del rascacielos para que dé buena suerte.

Los obreros de acabado —carpinteros, plomeros, electricistas, instaladores de ascensores, y especialistas en calefacción y aire acondicionado— trabajan abajo. Se añaden paredes interiores a la superestructura.

Los herreros terminan el último piso. Se coloca la última viga. Es muy especial por ser la última. Los obreros festejan el fin de la obra. Los trabajadores de acabado continúan su labor... hasta que el rascacielos está completamente terminado de punta a punta.

Los **arquitectos de interiores** deciden cómo será el interior.

instaladores de teléfonos

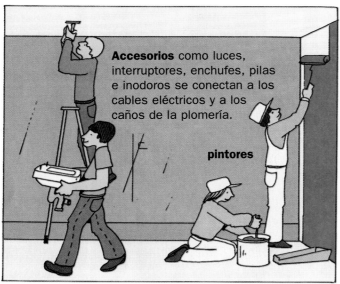

Accesorios como luces, interruptores, enchufes, pilas e inodoros se conectan a los cables eléctricos y a los caños de la plomería.

pintores

Después se diseña el interior.
Se instalan aparatos y teléfonos y se añaden sistemas rociadores para extinguir incendios.

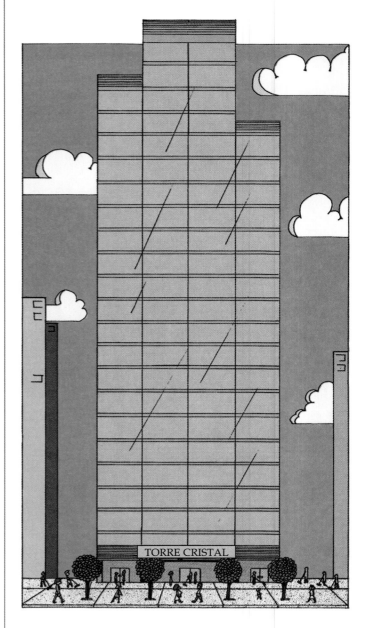

TORRE CRISTAL

Se derriba el viejo cerco de madera con los agujeros que sirven para mirar la obra. Se limpia el terreno de alrededor. Se coloca una placa con el nombre del edificio.

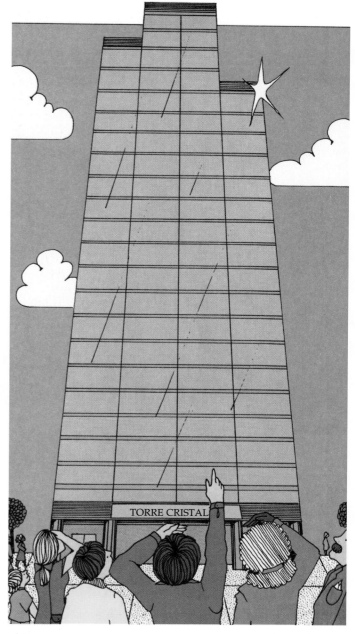

Mucha gente ha observado la construcción del rascacielos. Algunas personas decidieron alquilar espacio para oficinas o viviendas.
Los inquilinos comienzan a mudarse al edificio reluciente.

Miren el rascacielos. Su construcción duró dos años, en él trabajaron trescientas personas...

y ha quedado espléndido.

Jack Catlin

Arquitecto

Diseñar edificios es como armar un rompecabezas gigante.

Rascacielos altísimos, enormes estadios deportivos y grandes centros comerciales... ¿Cómo se construyen? Pregúntale al arquitecto Jack Catlin. Diseña edificios muy grandes y se asegura de que estén bien construidos. Pero eso no es todo lo que hace. También resuelve grandes problemas.

PERFIL

Nombre: Jack Catlin

Ocupación: arquitecto

Vive en:
Chicago,
Illinois

**Tira cómica
preferida:** Bugs Bunny

Pasatiempos: leer,
cocinar y viajar

Edificios que diseña:
¡Siempre grandes!
Centros comerciales,
hospitales y rascacielos

Rascacielos preferidos: el
edificio John Hancock de
Chicago y el edificio
Chrysler de la Ciudad de
Nueva York

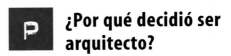

PREGUNTAS

a Jack Catlin

He aquí cómo el arquitecto Jack Catlin resuelve problemas — grandes y pequeños.

P **¿Cómo es el trabajo de un arquitecto?**

R Los arquitectos hacen tres cosas. Primero diseñan edificios. Segundo, realizan planos que muestran cómo edificar edificios. Y tercero, trabajan con empresas constructoras para asegurarse de que los edificios se construyan correctamente.

P **¿Por qué decidió ser arquitecto?**

R De niño me gustaban los edificios. Pero no me llamaron realmente la atención hasta hace unos 20 años, cuando después de un accidente no pude utilizar más mis piernas. Era muy difícil ir a algunos lugares con mi silla de ruedas. Entonces decidí convertirme en arquitecto. Quería diseñar edificios que todos pudieran utilizar, incluso las personas con dificultades físicas.

P **¿Qué fue lo primero que edificó?**

R Cuando tenía ocho años construí un fuerte de piedra con mi hermano y un amigo. Armamos una carretilla para transportar piedras a unos 300 pies. Luego hicimos un camino de tablas para poder deslizar la carretilla. Trabajamos mucho, pero conseguimos un fuerte grandioso.

¿Puede hablarnos de un problema que haya resuelto recientemente?

He estado trabajando en la construcción de un centro comercial cerca de Chicago. En los jardines del centro comercial hay una glorieta. Una glorieta es una pequeña construcción abierta donde las personas pueden sentarse a descansar. El problema era que había que subir unos escalones para llegar a la glorieta. Esto impedía el acceso, en especial a aquellos que se mueven en sillas de ruedas y a los que tienen dificultades para caminar.

¿Cómo resolvió el problema?

Primero, discutimos varias ideas con otros dos arquitectos. Pensamos en tres maneras de solucionar el problema: colocar un pequeño elevador, construir una rampa o construir la glorieta al nivel del suelo y quitar los escalones. Hicimos diferentes dibujos y llegamos a la conclusión de que la mejor idea era bajar la glorieta. Ahora todo el mundo tiene acceso al lugar.

Consejos de Jack Catlin
para resolver problemas

1 Comprende el problema. Analízalo desde todos los ángulos.

2 Averigua todo lo que puedas acerca del problema. Habla con la gente y pídele consejos.

3 No te des por vencido. Si es necesario, comienza nuevamente. Continúa intentando hasta encontrar la solución.

PIENSA EN LA LECTURA

Escribe tus respuestas en una hoja aparte.

1. Construir un rascacielos requiere muchos tipos de trabajo. Nombra tres de ellos.

2. ¿Por qué se hallan los rascacielos en grandes ciudades y no en pueblos pequeños?

3. Si fueras a ayudar a construir un rascacielos, ¿qué tipo de trabajo elegirías? Explica tu selección.

4. ¿Por qué crees que Gail Gibbons usó dibujos, leyendas de pie de ilustración y diagramas en *¡Cómo crece el rascacielos!*?

5. ¿Cuáles son tres cosas que el arquitecto Jack Catlin hace cuando trabaja en un rascacielos?

ESCRIBE UN VOLANTE

¡Ya se construyó el rascacielos! Haz un volante invitando a la gente a visitar el edificio recién terminado. Indica la fecha y la hora a la que la gente puede hacer una gira. Señala el nombre del edificio y su dirección. Explica por qué sería un buen lugar para vivir o trabajar. Recuerda: El volante debe hacer lucir bien al rascacielos.

CÍRCULO LITERARIO

Piensa en el fuerte de piedra que Jack Catlin construyó cuando tenía ocho años de edad. ¿En qué se parece construir un fuerte de piedra a construir un rascacielos? ¿En qué se diferencia? Escribe tus ideas en un diagrama de Venn.

CONOZCAMOS A GAIL GIBBONS

Cuando Gail Gibbons tenía diez años, quería tener un perro. Pero no podía tenerlo en el apartamento donde vivía. En lugar de tener un perro verdadero, escribió un libro de dibujos sobre una niña que *podía* tener una mascota. En la actualidad, Gail Gibbons sigue escribiendo sobre cosas que le interesan. Le gusta mucho buscar datos para sus libros pues así puede visitar nuevos lugares, conocer gente y aprender cosas nuevas.

OTRO LIBRO RELACIONADO CON LOS RASCACIELOS

- *Rascacielos* escrito por Jason Cooper

Cómo

Hacer un plano

Crea el plano de un cuarto ideal.

Mira el salón. ¿Dónde están las ventanas y las puertas? ¿Hay un lugar para guardar cosas o un lavamanos? ¿Cuántos estudiantes usan el salón? Los arquitectos necesitan información como ésta cuando hacen planos. Un plano es un diagrama que muestra la forma de un cuarto. También muestra dónde van a ir las ventanas, las puertas y los muebles empotrados.

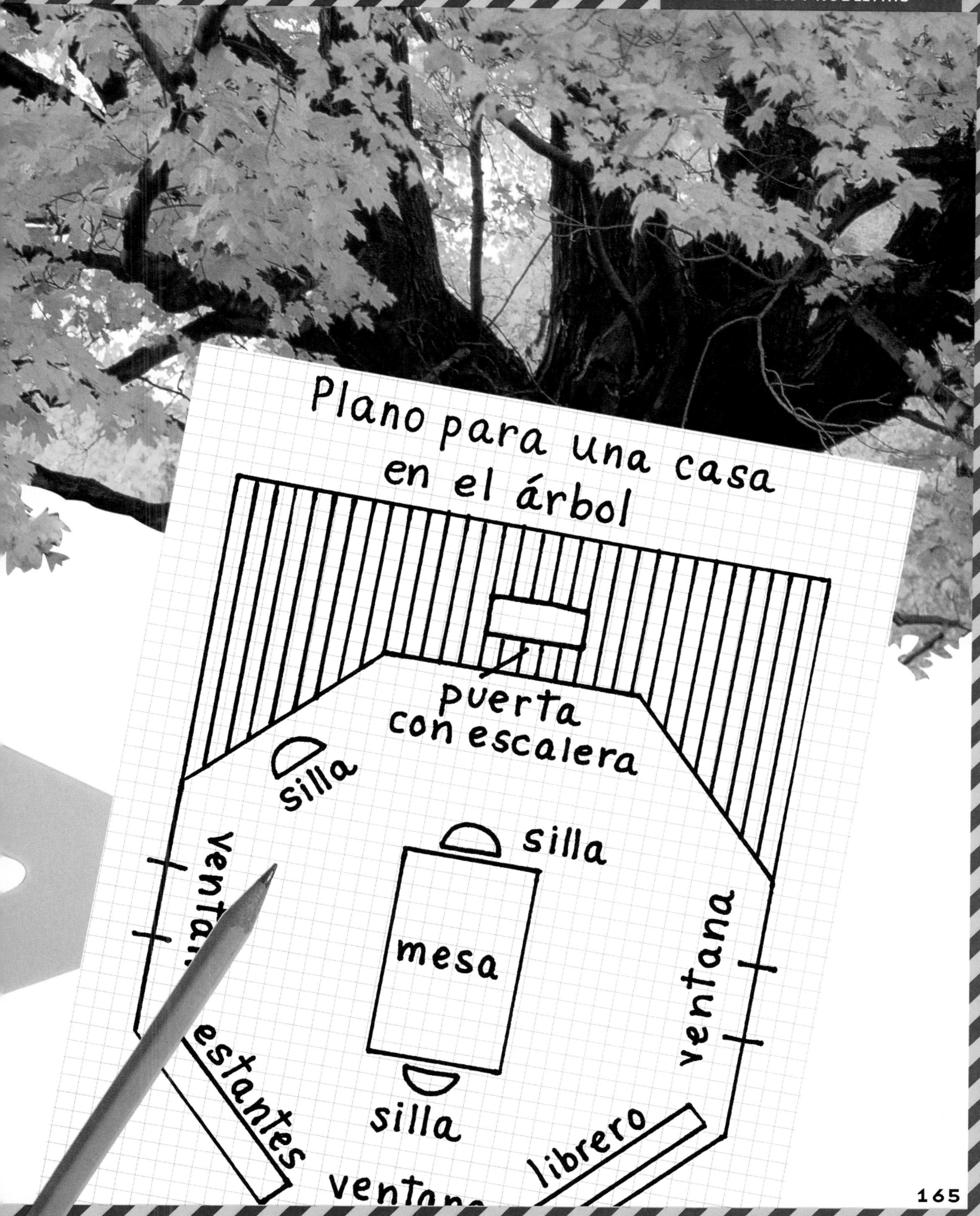

Plano para una casa en el árbol

puerta
con escalera

silla

silla

ventana

mesa

ventana

estantes

silla

ventana

librero

1

Elige un cuarto

Piensa en un cuarto que te gustaría diseñar. Tal vez sea un cuarto en el árbol, o la biblioteca de una nave espacial. O tal vez quieras mejorar el cuarto que usas ahora. Anota tus ideas en tu cuaderno. Luego, elige la que más te guste.

Algunos lugares de donde puedes sacar ideas:

- fotos de cuartos en revistas y libros

- cuartos que has visto en películas y en la televisión

- los cuartos de tu casa y de la escuela; anota lo que te gusta de ellos

MATERIALES

- cuaderno

- papel común, papel cuadriculado y cartulina

- lápiz

- regla

- útiles de arte

Diseña un cuarto

Ya has elegido el cuarto que te gustaría diseñar. Ahora empieza la diversión. Decide qué cosas necesita el cuarto para resultar confortable, práctico o divertido. Por ejemplo, los libreros empotrados son muy prácticos para guardar libros y juguetes. Una mesa empotrada es el lugar ideal para dibujar y pintar. Anota las cosas que quieras incluir en tu plano.

Estas preguntas te pueden ayudar:

- ¿Qué forma tiene el cuarto?

- ¿Para qué lo voy a usar?

- ¿Cuántas puertas y ventanas tiene?

- ¿Qué elementos le darán un carácter propio?

Ahora, imagina cómo se va a ver tu cuarto. Haz algunos bocetos de esa imagen. Muestra qué es lo que ves cuando entras al cuarto.

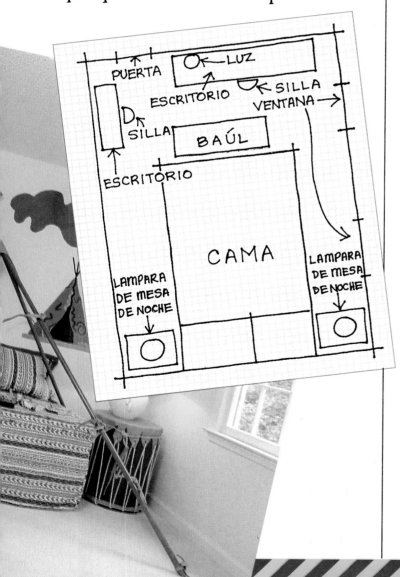

¿Cómo me va?

Antes de hacer el plano, hazte estas preguntas:

- ¿Tengo una idea clara del aspecto de mi cuarto ideal?

- ¿Será confortable y práctico?

- ¿Puedo hacer el plano con la información y las ideas que tengo?

3 Dibuja un plano

Ahora puedes hacer un plano de tu cuarto ideal.

- Primero, haz un boceto de las paredes del cuarto en papel cuadriculado.

- Segundo, dibuja y rotula las ventanas y las puertas.

- Tercero, dibuja y rotula los elementos especiales: muebles empotrados, lavamanos, armarios, etc.

Luego de haber terminado, escribe en la parte de arriba del plano el nombre de tu cuarto ideal. Debajo del nombre, escribe: "Diseñado por", y tu nombre. Escribe un párrafo que diga cómo se va a usar el cuarto y quién lo va a usar.

 • Usa una regla para trazar líneas rectas.

• Si algo en el plano no te parece bien, siempre lo puedes cambiar.

4 Muestra tu plano

Exhibe tu plano. Pega el plano, los dibujos y una descripción escrita en una gran hoja de cartulina. Mira los planos de tus compañeros. ¿En qué se parecen al tuyo? ¿En qué se diferencian? Di qué te gusta de cada diseño.

Si usas una computadora ...

Da a tu plano una apariencia profesional haciéndolo con la computadora. Usa los materiales de forma y línea para indicar qué va dónde, y rotula cada elemento.

¡FELICIDADES! Ya has descubierto cómo resolver problemas planeando todo en detalle. Ahora puedes enfrentar toda clase de problemas, chicos y grandes.

Jack Catlin
Arquitecto ▶

¡Manos a la Obra!

TEMA
La habilidad de cada miembro del grupo contribuye al éxito del esfuerzo conjunto.

UNIDAD 3

Bienvenidos a

Solares

Visitar una agencia de publicidad

La habilidad de cada miembro del grupo contribuye al éxito del esfuerzo conjunto.

173

El Capitán

Liliana Santirso • Patricio Gómez

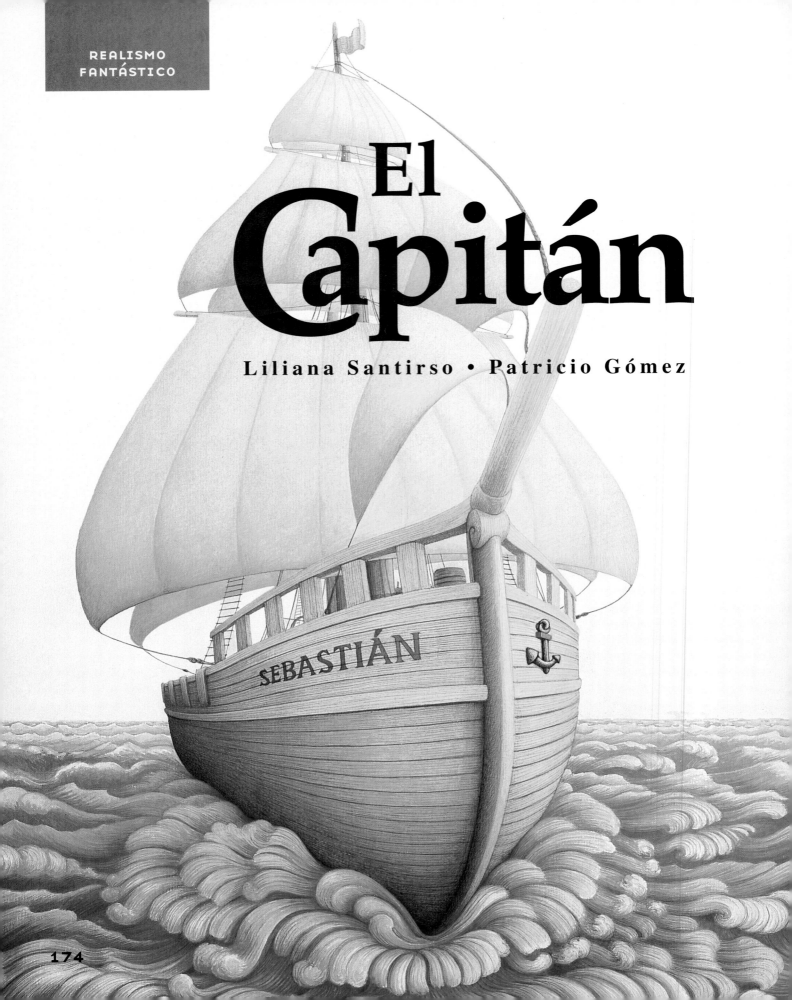

SEBASTIÁN

"Sebastián" se leía en el casco de la nave que se mecía en altamar. Era un barco que llevaba prendidas de fuertes sogas unas sábanas gigantescas para atrapar el viento. Un barco perezoso como todas las fragatas, que sólo se mueven cuando las empujan las fuertes ráfagas marinas.

Pero también, como todas las fragatas, podía convertirse en una enorme flecha disparada sobre las aguas cuando se aliaba con el viento.

En la fragata "Sebastián" había, por supuesto, a la cabeza de la tripulación, un viejo Capitán.

El Capitán era un niño cuando lo subieron a la fragata. El niño se hizo grumete y después de pasar muchas tormentas se volvió marinero.

Lo nombraron timonel cuando en cubierta se oyó el primer crujido. El barco estaba envejeciendo.

Y un día, cuando los crujidos fueron muchos, ya que las maderas tenían tantos hoyos como familias de ratones albergaba la bodega, sólo un hombre pudo izar las velas, rasgadas y cosidas infinitas veces, para encontrar el viento.

Ese hombre, desde ese día, fue el Capitán.

Nadie recordaba cuándo había sucedido exactamente porque es difícil pensar que, tanto los barcos viejos como las personas mayores, alguna vez fueron jóvenes.

Parecía que desde siempre, el Capitán y la fragata eran una sola cosa. Si el viento del norte anunciaba la borrasca, el viejo Capitán corría a amarrar las velas, se aferraba al timón y cantaba, como en las horas de máxima alegría, los cantares flamencos de su tierra andaluza.

Cuanto más arreciaba la tormenta, más fuerte se oía su voz entre los bramidos del viento:

—¡Olé por tu gracia!

—¡Olé por tu gracia, *"Sebastiana"*!

Aquello de *"Sebastiana"* era un secreto entre tres: sólo el mar, la fragata y el Capitán lo conocían.

Cuando hablaba con la nave, que era muy seguido, dejaba escapar el secreto, tomando la precaución de que no estuvieran cerca alguno de los tres marineros que quedaban, o el malhumorado cocinero. Entonces se soltaba en medio de las furias marinas a darle ánimos a la *"Sebastiana"*.

Le cantaba y le hablaba con tan tierna galanura, que seguramente, algo debía de estremecerse en el atornillado interior de la fragata, porque era el asombro de los curiosos que un barco tan antiguo y tan frágil pudiera seguir aventurándose en alta mar y regresar a puerto sin novedad.

—¡Guapa! ¡Tú sí que eres guapa, *"Sebastiana"*! —decía el Capitán, tan convincente que más de una vez alguna sirena extraviada en la tormenta llegó a oírlo y recobró fuerzas para seguir su viaje pensando que la habían reconocido.

(Y es que todas las sirenas se sueñan guapas.)

Cuando el mar recobraba la calma, el Capitán hacía un tremendo esfuerzo para soltar el timón que llevaba incrustado en el pecho, por haberlo abrazado intensamente durante muchas horas, y caía redondo sobre la cubierta dejándose acariciar por el sol que siempre brillaba después de la borrasca.

Entonces decía con voz agotada:

—Eres de fierro, muchacha. Te portaste como las buenas. Ya te quisieran imitar esas barcazotas nuevas que se hunden al primer relámpago.

Y se dormía después de horas tan tremendas. Porque la fragata comenzaba a moverse como una inmensa mecedora: suave, suave...

Tan acompasado era el movimiento, que hasta el seriesísimo cocinero se meneaba sobre su pata de palo cantando:

La mar estaba serena, serena estaba la mar...

Una tarde, el barco estaba anclado en un puerto ruidoso como todos los puertos. Era la hora del descanso. El Capitán peinaba su larga y sedosa barba sentado sobre un rollo de soga en cubierta cuando, de improviso, llegó una voz.

Una voz ruda y despiadada, con un argumento lleno de números, cifras y nombres que pronunciaba con frialdad y reverencia.

Una voz que detuvo la tarde y dejó al cepillo inmóvil a mitad de la barba; a los ratones con los bigotes tiesos de terror; al cuchillo del cocinero paralizado en el aire sobre una enorme cebolla y a los tres marineros pegados como estampillas en el rincón desde donde espiaban.

Una voz que conmovió hasta el ancla de la *"Sebastiana"*.

El Capitán la oyó y se perdió en el laberinto de números y nombres, pero entendió una frase, que lo obligó a ponerse a destrenzar la soga para ocultar sus lágrimas.

—De baja —decía la voz entre tantas palabras inútiles.

—La fragata *"Sebastiana"* se da de baja. De baja.

Entonces el recuerdo de un lugar terrible apretó el flamenco corazón del Capitán: el desmantelador.

La palabra siniestra le recorrió la espalda con un frío de muerte como no había sentido en la peor de las tormentas.

El desmantelador...

Era un lugar terrible, injusto. Se trataba, en realidad, de un cementerio despiadado. Un triste lugar donde se extirpan una a una, tabla a tabla, tuerca a tuerca, todas las partes del barco hasta dejar el esqueleto: un desolado dinosaurio que espera los últimos hachazos.

Y la voz hablaba. Decía algo de un hogar marino, que estaría seguramente lo más lejos posible del mar. Insistía en los tranquilos días de la vejez. ¿Y qué sabría la voz de vejez, de mar, de borrasca y de fandango? ¿Y quién era la voz para decretar así, en un triste papel lleno de sellos, la muerte de la *"Sebastiana"*?

Como siempre sucede, la voz que vino se fue, y en su lugar comenzaron a acercarse al Capitán los pesados pasos de los tres marineros y un ritmo irregular, *toc-plaf, toc-plaf*, anunciaba al adusto cocinero.

Entre todos rodearon al Capitán, que seguía destrenzando la soga con tal brío como si en ello le fuera la vida.

Y realmente se le iba...

El silencio los acompañó varias horas.

Cuando la soga quedó totalmente deshecha y la Luna se escondía para no enterarse del triste cuadro que formaban aquellos cinco hombres cabizbajos en cubierta, el Capitán levantó lentamente la cabeza.

Tomó el cepillo entre los dedos, siguió con la prolija tarea de alisar su barba, y comenzó a hablar. Su voz sonaba suave pero segura.

188

Sorpresivamente, un coro de cinco voces que se oían como cincuenta cortó el aire helado de la noche:

Esta no, esta noche es Nochebuena
Y mañá, y mañana es Navidad
Dame la, dame la bota María
Que lo vo, que lo voy a festejar.

Hasta la destemplada voz del cocinero se levantaba casi bella, y su pata de palo era un espléndido tambor improvisado sobre el piso de la cubierta.

—¡Arboladura en candela!
—¡Alcen el velamen!
—¡A barlovento!

De la proa a la popa la actividad era tal que los ratones se vieron obligados a recoger todo lo que se caía de las manos de los marineros por el apuro.

Esta no, esta noche es Nochebuena.

Y era Nochebuena a mediados de septiembre, por lo menos para *"Sebastiana"*, que se hizo a la mar con más vigor que nunca.

Quién sabe qué secreto le habría contado el Capitán con la boca pegada al palo mayor, que la vieja fragata corría más veloz que cualquier barco nuevo. Devoraba millas.

Hasta el viento se había hecho cómplice. Nunca tuvo la *"Sebastiana"* las velas más extendidas, ni el mar sobre su lomo una tripulación más entusiasta. Entre cantos y carreras la noche se fue rápidamente. Cuando el sol comenzó a entibiarlos, ya estaban en alta mar.

Así fueron quince días a todo viento. Hasta que una mañana, la causa de la alegría pudo divisarse desde el puente de mando.

El Capitán conocía las costas de todos los mares, y sabía de una particularmente bella, cálida, cubierta de arenas finísimas.

Pero era una costa peligrosa, cercada por amenazantes corales, montañas de rocas hundidas en el mar, capaces de escorar un barco y hundirlo en segundos.

El Capitán se puso a la altura del importante momento. Vistió su uniforme de gala y sus guantes de gamuza.

Llegó al timón pausada y orgullosamente como correspondía a la circunstancia.

Lo tomó entre sus manos y después de hablarle en voz baja comenzó a cantar por soleares como en los mejores días.

Los marineros no podían ocultar su emoción, y por primera vez en sesenta años, el cocinero sonrió; aunque luego se sonó estrepitosamente la nariz, para que no lo descubrieran.

La *"Sebastiana"* esquivó los corales, más como un pez que como un barco, y rauda se dirigió con todo su peso sobre la playa.

—¡Ahora, guapa! Con todo, *"Sebastiana"* —gritó el Capitán.

Y la fragata hundió su proa en la arena.

Nadie podría atravesar esos corales e intentar arrebatársela. La *"Sebastiana"* no sería desmantelada. Había encallado para siempre.

Era para siempre suya.

Una enorme algarabía se desató en la cubierta.

194

Desde hace mucho tiempo en una playa lejana, cuando el sol se escapa para dar paso a la noche, un increíble viejo de larguísimas barbas y gorra de marino se sienta sobre la arena con la espalda recostada en una antiquísima fragata y comienza a cantar con voz cascada.

Cuando los ratones se asoman por la borda, corren a ponerse firmes de inmediato susurrando:

—Ha llegado el Capitán...

Liliana Santirso

"Había una vez una niña que escribía cuentos cortos de día y poemas largos de noche. Su cuarto era una selva de papeles".

Así, en una selva de papeles, rodeada de un bosque de verdad, vive Liliana. En ese bosque están su casa y su editorial; porque ella además de escribir cuentos y poemas, también hace libros. Y libros muy especiales porque son libros para niños. Pasa horas y horas corrigiendo textos, buscando ilustraciones y pensando qué puede hacer para que los niños quieran leer, leer y leer.

Cuando tiene alguna duda sobre los libros, les pide ayuda a sus cuatro hijos, y Matías, Martín, Damián o Julián siempre saben cómo resolverla.

"¿Y sólo se dedica a leer y escribir?" preguntarán. Bueno, a veces descansa, juega con sus cuatro gatos y sus cuatro perros, les toma fotos a las fumarolas del volcán *Popocatépetl* que queda muy cerca de su casa o amasa pan con sus hijos.

Y aquí en secreto, entre nosotros, mientras amasan pan, Liliana y sus hijos inventan poemas o canciones que, a veces, también aparecen en sus libros.

MENTOR

Max Jerome

Director de arte

¡Visita una agencia de publicidad y conoce al equipo de trabajo!

¿**Q**ué harías si fabricaras un calzado deportivo que quieres vender? ¿Y si dirigieras un museo que quieres que los niños visiten? ¿Qué harías?

Podrías llamar a una agencia de publicidad. Un equipo especial crearía un anuncio para explicar a la gente tu producto.

PERFIL

Nombre: Max Jerome

Ocupación: Director de arte de una agencia de publicidad

Vive en: la Ciudad de Nueva York

Dos palabras que lo describen: divertido, honesto

Deporte preferido: futbol americano

Tira cómica preferida: "Hagar el horrible"

Primer empleo: de niño, repartidor de periódicos, empleado de un almacén

Instrumentos que facilitan su trabajo: una computadora y un tablero

PREGUNTAS

a Max Jerome

He aquí cómo el director de arte, Max Jerome, crea anuncios de publicidad que no olvidarás.

P **¿Dónde creció usted?**

R Nací en la Ciudad de Nueva York. Luego mi familia se mudó a Haití, y más tarde regresamos a Brooklyn, en Nueva York, donde pasé la mayor parte de mi infancia.

P **¿Cuál es su trabajo?**

R Soy director de arte en una agencia de publicidad. Mi trabajo es asegurarme de que los anuncios que salen en las revistas y la televisión sean buenos y eficaces.

P **Ésa debe ser una tarea difícil para usted...**

R Es cierto, nunca podría hacerla solo. Trabajo con un equipo de escritores, diseñadores y artistas. Pero con quien estoy en especial contacto constantemente es con el escritor. Para mí es muy importante trabajar con alguien que sepa usar las palabras.

P **¿Por qué forman usted y su compañero escritor un buen equipo?**

R Nos tenemos confianza. Cuando comenzamos a trabajar en un nuevo anuncio, cada uno expresa cualquier idea que le cruza por la cabeza, por más insensata que parezca. Y así pensamos y pensamos, hasta que encontramos una idea que nos guste a los dos.

P **¿Cómo cree que debe ser un buen anuncio?**

R Un buen anuncio es aquel que hace que la gente se ría y que recuerde el producto.

P **¿Cuál es la mejor campaña publicitaria que hizo con su equipo?**

R Creo que la mejor campaña publicitaria fue la del *Liberty Science Center*. Este museo de ciencias interactivo es muy popular y está en Nueva Jersey. La tarea de mi equipo fue dar a conocer al público la novedad acerca de este apasionante museo.

P **¿Cómo se le ocurrieron anuncios que fueran atractivos?**

R El escritor y yo fuimos al museo para obtener ideas. Jugamos en cada una de las 150 exhibiciones y de regreso a la oficina, comenzamos a intercambiar ideas. Escribimos algunas frases, hicimos varios dibujos; y al final se nos ocurrieron ideas excelentes. ¡Lo mejor fue que nuestras ideas funcionaron! El museo es hoy en día muy popular.

P **¿Soñó de niño con trabajar en publicidad?**

R En realidad no. Pero recuerdo que cuando era empleado en el almacén, me gustaba mucho leer los anuncios en las cajas de cereales y mirar los diseños. Tal vez ese fue el comienzo.

Consejos de Max Jerome
para crear un anuncio

1 Conoce a tu público. Piensa en quién comprará el producto.

2 Es importante saber dónde poner el anuncio. Piensa dónde lo verá un mayor número de personas.

3 Hazlo diferente de los demás anuncios. Piensa en lo que la gente va a aprender acerca del producto.

"I played with bugs and didn't get yelled at."

Liberty Science Center

201

Piensa en la lectura

En una hoja aparte, contesta las preguntas de este esquema del cuento.

Escenario
1. ¿Dónde tiene lugar la mayor parte de la historia?

Personaje principal
2. ¿Quién es el Capitán?

3. ¿Qué siente el Capitán por el *Sebastián*? ¿Cómo lo sabes?

Problema
4. ¿Qué problema se les presenta al Capitán y al *Sebastián*?

Desenlace
5. ¿Cómo trata de resolver el problema el Capitán? ¿Tiene éxito? Explica.

Escribe un anuncio

Imagina que trabajas para Max Jerome. Tu tarea es escribir un anuncio para el *Sebastián*. En lugar de desmantelarla, van a vender la fragata. Indica por qué el *Sebastián* sería una buena oportunidad para comprar un barco. Haz un dibujo para tu anuncio.

Círculo literario

Lee la información acerca de Liliana Santirso, la autora de *El Capitán*. ¿De dónde crees que sacó ideas para esta historia?

A Liliana Santirso le encanta escribir y hacer libros para niños. Le gusta especialmente escribir historias que tratan de los sentimientos de la gente, como hizo en *El Capitán*. A veces no está segura si tiene una buena historia. Es entonces cuando llama a sus hijos Matías, Martín, Damián y Julián para que la ayuden.

CUENTO INFORMATIVO

La fábrica de espagueti de Siggy

Escrito por
PEGGY THOMSON
Ilustrado por
GLORIA KAMEN

204

Es un buen día para hacer espagueti. En la fábrica tiembla el piso. El espagueti ya está traqueteando por las tuberías y Siggy tiene harina en las cejas, en los codos, y hasta en los zapatos. Les dice "¡Hola, bienvenidos!" a los chicos que llegan. Han venido a verlo hacer espagueti y empaquetarlo. Les va a mostrar todo del principio al final.

—Les voy a mostrar qué hacer cuando les toque el turno de hacer toneladas de espagueti, y también macarrones, fideos, caracoles, moñitos. Y lasaña —dice Siggy—, ¡casi me olvido de la lasaña!

¡El espagueti me gusta un montón!

¡Y a mí me gusta un montón de espagueti!

¡Macarrones!

¡Fideos!

¡Lasaña!

¿Vamos a comernos la tarea?

¡Sí, claro!

¡Viva la harina!

—La harina es lo primero —dice Siggy—. Es el ingrediente principal, y los que hacemos espagueti necesitamos un montón. Pero lo bueno es que eso es TODO lo que necesitamos. La harina y un poco de agua para mezclarla, y tenemos la receta del espagueti.

¿Cuánta harina se necesita para hacer 100 toneladas de espagueti?
100 toneladas de harina y 8 toneladas más por si acaso.

Siggy llama a menudo por teléfono a los agricultores de Dakota del Norte, Dakota del Sur y Minnesota y les pregunta: —¿Cómo andan las cosas? ¿Qué tal el tiempo? ¿Está bien el trigo? Siggy habla del trigo de grano fuerte y dorado, el trigo duro que se muele para hacer la harina para espagueti.

—Lo más difícil es la mezcla. Si tiene mucha agua, la mezcla es líquida como el mar. Si tiene poca, es dura como una piedra —dice Siggy—. La mezcla debe estirarse. Así, cuando pasa por los agujeros de la máquina, sale exactamente lo que queremos... ¡tiras de espagueti!

El lunes Siggy llama a los molineros: —¡Ayúdenme, por favor! Se nos están acabando los materiales. Por favor, manden harina.

Pide semolina, la harina que se hace del trigo duro. La semolina es granulosa, como el azúcar, y el espagueti que se hace con ella mantiene la forma y no se pegotea.

—Cuando se hacen cien toneladas de espagueti —dice Siggy—, es bueno tener una fábrica muy grande.

Una fábrica como *la suya*. Con vías de ferrocarril justo al lado para los vagones de carga y mangueras que llevan la harina hasta el edificio.

Siggy pide a los molineros que le manden "tres vagones de carga —trescientas toneladas de harina—, por favor. Con eso es suficiente por ahora".

208

Adentro, Siggy tiene silos donde la harina se mantiene seca. Hay cuatro silos de cuatro pisos de alto, montones de máquinas, y centenares de caños, correas transportadoras, tuberías, y un equipo de trabajadores con gorros blancos.

Las escaleras son sencillas y empinadas, pero a Siggy le gusta trepar. Va adelante, saltando los escalones de dos en dos y nos abre la puerta al amplio…

ADENTRO DE LA FÁBRICA DE SIGGY

TUBO PARA LA HARINA

A LA MÁQUINA DE FIDEOS

TOMATE HUEVO Y ESPINACA

MEZCLA DE HUEVO

CEDAZO

MEZCLAS

SILOS DE HARINA

HARINA TAMIZADA
TUBO DE AGUA

MOLDES

MEZCLADORA

FIDEOS

TUBERÍA

SECADORA

CORTADORA EN "U"

A LA SECADORA

EMPACADO

209

luminoso y ruidoso taller donde la harina corre por los tubos blancos y el agua por los negros. Aquí es donde nace el espagueti, donde enormes máquinas (con escalerillas a los costados) zumban y resuenan, guiñando sus luces. —¡Síganme! —dice Siggy hablando ahora a gritos—. ¡Arriba, amigos, a leer los medidores y montar guardia!

—¡Ahora! —dice Siggy—. Ahora es el momento de ver cómo las paletas giratorias cortan y aplastan, mezclando la harina y el agua. ¿Está la masa blandita o dura como una piedra? Puede ser que *esta* tanda nos dé una mala sorpresa. Pero... ¡no es así! El fino y *elástico* rollo de masa sube y sale en tiras por los agujeritos.

—¡Buenas noticias! Esta máquina nos está dando estupendas tiras de espagueti, largas y doraditas. ¡Perfecto!

Siggy dice: —Los rodillos de arriba funcionan con gran precisión. Levantan las tiras y las llevan —agitándose— a la secadora.

Hay un zumbido.

Mis zapatos lo sienten también.

El espagueti fresco es elástico. Como si fuera goma de mascar.

Pero no sabe a goma de mascar.

—Las frescas y húmedas tiras de espagueti están perfectas —dice Siggy—. Lo único que hace falta es colgarlas en la secadora hasta mañana.

—Y no se preocupen por la espera —añade— porque el espagueti de *ayer* está saliendo de la secadora. Las tiras están secas y duras como agujas de tejer, listas para caer por las tuberías.

Si un rodillo se desvía, pueden caerse los demás. Y se necesita una máquina barredora para limpiar todo.

SECADORA

Las Úes

Un consejo de Siggy: —Cuando las Úes chiquititas se salen de lugar, se las puede volver a moler con la harina. Las Úes que caen al piso se barren y se venden para alimentar a los cerdos.

¿A quién le tocan las Úes?

Te amo a ti, a ti, solamente a ti, espague-ti.

—"No correr" es una advertencia necesaria —dice Siggy—. Pero el espagueti sí corre rápido. Se desliza por las tuberías de piso en piso, y da vueltas en las correas transportadoras. Después se pesan manojos de espagueti y se meten en cajas largas y finitas con ventanitas. Si las cajas se rompen... ¡más comida para los cerdos!

¡PELIGRO! ¡TEN CUIDADO!
Puedes resbalar y caerte. Hay espagueti en el piso y está resbaladizo.

Algunas máquinas antiguas para hacer espagueti funcionaban con la fuerza de un caballo...

o con la fuerza de una persona, que mezclaba la harina y el agua.

215

Esta tanda está agrietada... se calentó mucho en la secadora.

Y ésta tiene manchas. No se secó bien. ¡A botarla!

Pero el resto tiene buen aspecto.

¿Por qué dice Siggy que no se puede comer en el trabajo?

Siggy dice: —Hay un llamado de auxilio de la cocina. ¡Expertos! Controlen la calidad del espagueti. ¿Es de primera? ¡Expertos! Prueben el espagueti cocido. ¿Se ablanda o se mantiene firme y elástico?

Mmm... mmm... elásticos... me lo dicen los dientes.

Al comienzo, algunos macarrones y fideos han recibido chorros de color y sabor de los tanques de espinaca, huevo y tomate de Siggy.

216

Siggy ordena vigilar las cajas. Están yendo hacia los envases. Los envases pasan a las correderas. Y los elevadores de carga los llevan a camiones que esperan en la zona de carga. Siggy dice:
—Otras cajas han hecho el mismo viaje. Algunas están llenas de macarrones, otras de fideos, y otras de caracoles o moñitos. También las hay con lasaña.

Una carga de harina se ha convertido en 200,000 cajas de espagueti de una libra cada una.

¡Yo lo vi todo!

Siggy dice: —Los moldes de adentro de las máquinas dan formas diferentes. Son importantes. Los moldes son las partes pesadas de metal que tienen agujeros, como regaderas, para producir tiras de masa. A los trabajadores les encantan los moldes, cuantos más, mejor. Siggy dice que *los suyos* son fantásticos. Sólo con mirar los agujeros sabe que "este molde es para hacer espagueti y éste con agujeritos pequeñitos es para los hermanitos flaquitos del espagueti: espaguetini. El molde que tiene ranuras es para la lasaña".

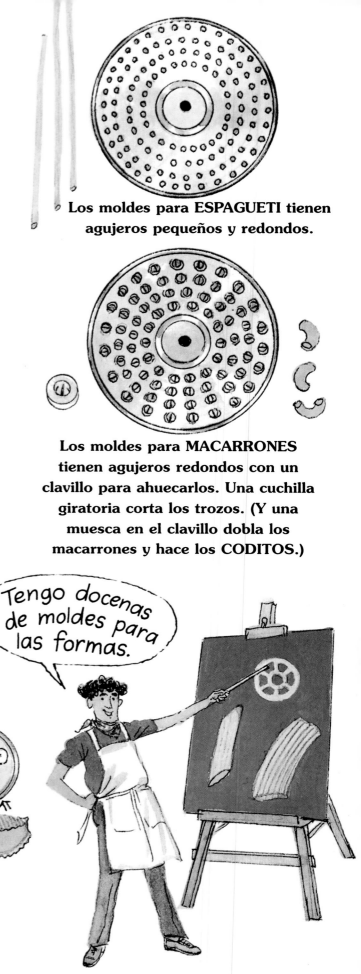

Los moldes para ESPAGUETI tienen agujeros pequeños y redondos.

Los moldes para MACARRONES tienen agujeros redondos con un clavillo para ahuecarlos. Una cuchilla giratoria corta los trozos. (Y una muesca en el clavillo dobla los macarrones y hace los CODITOS.)

Tengo docenas de moldes para las formas.

Otro molde para ESPAGUETI, el preferido de Siggy, tiene todos los agujeros en fila.

Los moldes para hacer LASAÑA tienen ranuras planas con los extremos para arriba. Por eso, los bordes de la lasaña son ondulados.

Los moldes para hacer LETRAS están recortados con la forma de las letras.

La mezcla de harina y agua para los FIDEOS lleva huevo. Algunos fideos pasan por un molde con hendiduras. A otros se los enrolla y se los corta en tiras.

Los MOÑITOS se pueden hacer con un cortador de galletitas.

219

Siggy continúa: —El tiempo vuela cuando se habla de espagueti. Y tenemos que apurarnos para limpiar antes de que suene el timbre. Hay que aceitar máquinas, lavar y secar moldes, mojar y pegar etiquetas… ¡y felicitar a todos por el trabajo que hicieron!

—Al final, despedimos a la flota de camiones que parte de viaje a ciudades lejanas.

—¡Adiós ESPAGUETI, MACARRONES, FIDEOS, CARACOLES y MOÑITOS! ¡Adiós, adiós!

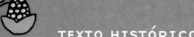
El jitomate

Fruto con ombligo

Escrito por Arnulfo de Santiago

Rojo, rojo en rebanadas
me lo como en ensaladas;
con ombligo reventado
lo devoro en un guisado.

   Los mexicas, conocidos como el Pueblo del Sol, le dieron nombre al jitomate en lengua náhuatl: *tómatl* es fruto y *xictli* es ombligo. En sus códices, el jitomate es una de las plantas del Tlalocan, paraíso vegetal de los mexicas.

   Los mexicas sembraban sus alimentos en pequeñas islas flotantes que daban vida a los canales de su capital. En ellas cultivaban el jitomate para surtir a la ciudad.

El jitomate fue llevado a Europa poco después de la llegada de los europeos a América. A los ojos de los europeos, el jitomate era extraño; sin embargo, la planta les parecía hermosa y tenía la facilidad de cultivarse en maceta; por eso, durante más de un siglo la usaron casi exclusivamente como adorno. Con el tiempo llegó a ser muy popular, y se convirtió en un invitado frecuente en las mesas europeas.

La voz náhuatl *tómatl* pasó a casi todas las lenguas, adaptándose a los sonidos de cada una; como en el caso de la palabra *tomato,* en inglés.

Piensa en la lectura

Escribe tus respuestas en una hoja aparte.

1. ¿Por qué llama Siggy a menudo a los agricultores de Dakota del Norte, Dakota del Sur y Minesota? ¿De quiénes más depende Siggy?

2. ¿Qué ocurre después de que la harina pasa a través de los tubos blancos y el agua por los tubos negros?

3. ¿Qué le preguntarías a Siggy si fueras uno de los niños que visita la fábrica de espagueti?

4. ¿En qué se diferencia la forma en que se hace espagueti de la actualidad a la de hace mucho tiempo?

5. ¿Qué relación existe entre la fábrica de Siggy y las costumbres agrícolas de los mexicas, conocidos como el Pueblo del Sol?

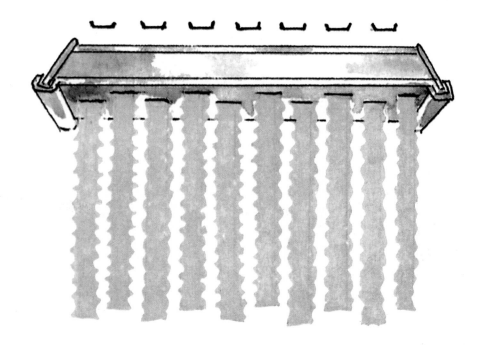

Escribe sobre un plato del menú

¡Vas a abrir un restaurante especializado en espagueti! Tu menú describirá todos los deliciosos platos hechos con espagueti. Escoge un plato y escribe una descripción que haga que la gente se chupe los dedos. Asegúrate de incluir el nombre y el precio del plato. También puedes incluir un dibujo de tu plato.

Círculo literario

¿Le gustaría leer *¡Cómo crece el rascacielos!* a alguien que disfrutó de la lectura de *La fábrica de espagueti de Siggy*? Explica tu respuesta.

Conozcamos a Peggy Thompson

A Peggy Thompson le gusta investigar mucho para sus entretenidas historias. Además de sus libros infantiles, ha escrito cientos de artículos para periódicos y revistas. ¿Qué hace ella cuando no está investigando o escribiendo? Emplea la mayor cantidad de tiempo posible con su familia.

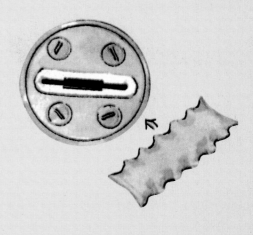

El tapiz de Abuela

Escrito por Omar S. Castañeda

Ilustrado por Enrique O. Sánchez

—Hala fuerte —dijo Abuela—. Dale un buen tirón, para que las hebras queden bien unidas, como una familia.

—Sí, Abuela.

Esperanza pasó la lanzadera por la abertura del tejido y empujó la barra hacia abajo con toda su fuerza.

Abuela estaba sentada junto a ella, frente a un telar sujeto por tiras de cuero. Ambos telares estaban amarrados al mismo árbol, en medio del caserío familiar. La madre de Esperanza daba de comer a las gallinas y a los cerdos detrás de la cabaña principal, mientras que el padre y los hermanos trabajaban en los cultivos de maíz, frijoles y café.

—Estás aprendiendo —dijo Abuela.

Esperanza miró a su abuela con el rabillo del ojo. Sabía que estaba nerviosa pensando en el mercado. Su madre decía que los huipiles y tapices que hacía la abuela podían deslumbrar a todo el mundo. Pero hoy en día, más y más prendas eran hechas a máquina.

Esperanza estaba preocupada pensando que la gente se reiría de su abuela por la mancha de nacimiento que tenía en la mejilla, como ya lo hicieran unos niños antes. Habían hecho correr el rumor de que Abuela era una bruja, y ahora mucha gente temía comprarle cosas.

—¿Estás soñando despierta otra vez? —preguntó Abuela.

—Sí, Abuela.

—Bueno —dijo la anciana secamente—, mejor te apuras, porque faltan pocos días. Todavía tienes mucho que hacer y habrá otra gente vendiendo las mismas cosas que tú.

—No te preocupes, Abuela. Trabajaré hasta que nos marchemos.

Así lo hizo. Esperanza trabajaba con su abuela desde antes del amanecer hasta mucho después de la puesta del sol, cuando la luna estaba alta y la fogata del caserío esparcía un delicioso olor a pino.

No le enseñaron a nadie su trabajo, ni siquiera a la madre de Esperanza, porque estaban tejiendo algo muy especial, y querían esperar hasta la Fiesta de Pueblos, en Guate, para mostrarlo.

Pronto llegó el día. Hacía un sol radiante, y las hojas de los árboles brillaban con la lluvia de la noche anterior, lo que a Esperanza y a su abuela les pareció de buen augurio. Abuela se vistió de negro, como una mujer enlutada, y se cubrió los hombros y la cara con un mantón, de manera que sólo se le veían los ojos.

Esperanza, en cambio, lucía su huipil favorito: una blusa blanca con el cuello rectangular, bordado con hebras rojas, azules y verdes. Abajo de la franja, los colores se fundían en azul y plateado y, ocultos en los intrincados diseños de la blusa, pequeños quetzales volaban libremente entre las hebras, como solían hacerlo en las grandes selvas de Guatemala.

Esperanza llevaba sobre la cabeza una gran canasta de paja con sus huipiles, manteles, faldas y el maravilloso tapiz.

Caminaba rápidamente por el camino de tierra de Santa Cruz hasta llegar a la carretera, donde tomarían la camioneta que iba a Guate.

Abuela iba varios pasos detrás de ella. Había insistido en que debían aparentar no conocerse.

—Así, si mi mancha de nacimiento asusta a los clientes, todavía se acercarán a ti para comprar —le explicó Abuela.

Cuando llegó la camioneta, Abuela ni la ayudó a levantar la pesada canasta para dársela a los muchachos que amarraban los bultos en el techo.

Ya adentro, se sentaron a tres asientos de distancia, como si fueran personas desconocidas, que vivían en distintas aldeas, sin antepasados comunes.

Cuando llegaron, el ruido de la ciudad era ensordecedor. Grandes autobuses circulaban por las estrechas calles, emitiendo nubes de humo negro. Se escuchaba el bullicio de las bocinas y la gente caminaba de prisa y agitada por las aceras. Más que nada, Esperanza quería salir de la Sexta Avenida, donde la gente se apretujaba en los pasajes y los vendedores gritaban desde los comercios o desde los cientos de carritos que bloqueaban las aceras y las calles. Se sentía acorralada, los pulmones le dolían por el humo que echaban los automóviles y autobuses, y le zumbaban los oídos con los ruidos de los frenos, las bocinas, los gritos de la gente y los silbidos de los policías.

Esperanza caminaba rápido, con la canasta firme sobre la cabeza, tratando de fijar su atención en los puestos preparados para la fiesta en el Parque Central y de no pensar en la conmoción general.

Caminaba apresuradamente, zigzagueando para llegar a la Octava o a la Séptima Avenida, donde había menos ruido, cuando de pronto se detuvo para ver si Abuela todavía la seguía. Buscó la cara conocida entre la muchedumbre, las canastas, los cascos y los sombreros. Se hubiera conformado con vislumbrar el mantón de su abuela, como un mirlo saltando de rama en rama en una selva de gente, pero no logró verla. Esperanza siguió camino al mercado, deseando que Abuela finalmente la encontrara allí, entre los demás vendedores.

Cuando Esperanza llegó, ya todos los puestos estaban tomados. Mujeres y viejos la alejaban o la ignoraban cuando les pedía ayuda.

Al final, tuvo que conformarse con colocar su canasta entre los angostos pasillos que separaban dos puestos. A un lado, una familia de Antigua vendía cerámicas, reproducciones de artefactos mayas, y prendas tejidas en alguna de las muchas fábricas.

Al otro lado, una mujer vendía largas piezas de tela, instrumentos musicales y bolsos. Éstos tenían cierres de cremallera, cosidos a máquina en la capital, con largas y coloridas asas plásticas.

Todo era tan hermoso, pensó Esperanza. Tal vez nadie le compraría nada. Ella y su abuela volverían a Santa Cruz sin dinero, habiendo malgastado tantas horas, y su familia estaría decepcionada.

Esperanza sacó sus cosas, las colocó una por una en largas varillas, y las colgó en los listones a ambos lados. Se sentía terriblemente sola. Su pobre Abuelita ni siquiera parecía estar cerca.

Poco a poco, la gente comenzó a detenerse y a señalar
el elaborado tejido de Esperanza. Tanto los turistas como
los guatemaltecos se acercaban a su rinconcito y
admiraban el hermoso trabajo que tenían frente a ellos.

El gran tapiz resplandecía con imágenes de
Guatemala. Esperanza y Abuela habían trabajado en los
intrincados símbolos de la historia del país. Había
heroínas y héroes inspirados en el *Popol Vuh*, el libro
sagrado de los mayas. Y en una esquina, un hermosísimo
quetzal parecía vigilar el tapiz desde su jaula blanca.

En las manos de Esperanza los colores del tapiz
brillaban tan intensamente como el sol sobre el Lago
Atitlán.

La gente se iba de los otros puestos y se detenía para
admirar el tejido de Esperanza. Cuando levantó la vista,

Esperanza vio a su Abuela. Una gran sonrisa le iluminaba la cara, y también la mancha de nacimiento.

Pronto vendieron todo lo que habían traído. Cuando se les acabó la mercancía, mucha gente quedó decepcionada. Pero Esperanza les prometió traer nuevas cosas al mes siguiente.

Abuela y nieta regresaron a Santa Cruz sentadas una al lado de la otra, con los suaves y ágiles dedos de Esperanza enlazados en las viejas y arrugadas manos de Abuela.

Alfombra de alta tecnología

¿Has visto la película de *Aladino*? Si la viste, sabes que es posible hacer que una alfombra vuele, se deslice y exprese sentimientos... ¡al menos en una película! Te presentamos al equipo que utilizó pintura, papel y una computadora para lograr que una alfombra haga mucho más que descansar en el suelo.

246

EL ANIMADOR

Randy Cartwright fue el animador principal del equipo; su tarea consistió en hacer todos los dibujos de la alfombra mágica. Transformar una alfombra en un personaje de cine no era fácil. Debía tener una personalidad interesante. ¿Cómo hizo Cartwright para lograrlo?

Primero, tomó un pedazo de tela. Hizo como si fuera una alfombra y lo plegó de varias maneras, tratando de que se viera contento, triste o apasionado. ¡Qué difícil!

Después hizo unos dibujos. En uno de ellos dibujó un pliegue que parecía una cabeza. Un buen comienzo. Luego pensó en hacer que los flecos parecieran manos y pies; entonces dibujó una de las *manos* de la alfombra sosteniéndose el *estómago*. ¡Un éxito! La alfombra mágica parecía divertirse mucho.

© Disney Enterprises ,Inc

Cartwright pasa rápidamente los dibujos para ver cómo se mueve la alfombra.

Créase o no, una alfombra puede expresar diferentes sentimientos.

Alegre

Soñadora

Pensativa

247

Richard Vander Wende elaboró el elegante diseño de la alfombra mágica.

EL ARTISTA

Una vez que la alfombra mágica adquirió su sentido del humor, necesitó un diseño. El artista Richard Vander Wende creó uno muy bonito. Tenía cabezas coloridas de tigres, espadas, lámparas y llamas.

Luego se pasó el diseño a cada uno de los dibujos de la alfombra. Por lo general, los dibujos animados se pintan a mano. En este caso, pintar el complicado diseño en los cientos de miles de alfombras hubiera llevado mucho tiempo. Por suerte, había una alternativa.

Contenta

Curiosa

Asustada

LA EXPERTA EN ANIMACIÓN POR COMPUTADORA

Tina Price, experta en animación por computadora, resolvió el problema. Su computadora tiene un programa que le permite crear personajes de historietas.

Primero, Tina copió los dibujos de la alfombra mágica en su computadora. Luego, añadió los diseños hechos por Vander Wende y ¡*Abracadabra!* los coloridos diseños aparecieron en cada una de las alfombritas de su pantalla.

Una vez terminados los dibujos de la alfombra mágica, se filmaron y se agregaron a las escenas de la película. Al poco tiempo, ¡la alfombra mágica de *Aladino* se desenrollaba de la risa!

¿YO?

La alfombra mágica lista para su rol de protagonista.

Piensa en la lectura

En una hoja aparte, contesta las preguntas de este esquema del cuento.

Escenario

1. ¿Dónde y cuándo tiene lugar esta historia?

Personajes

2. ¿Quiénes son los dos personajes principales?

Problema

3. Al principio de la historia, los dos personajes principales están preocupados. ¿Cuáles son sus preocupaciones?

Desarrollo

4. ¿Qué siente la niña mientras coloca sus mercancías en el mercado?

Desenlace

5. Completa la siguiente oración:
   Tiene un final feliz porque
   _____.

Escribe un artículo para un catálogo

Imagina que las prendas tejidas hechas por Esperanza y su abuela se vendieran por catálogo. Te han contratado para escribir las descripciones que harán que los clientes quieran comprarlas. Escribe un párrafo que describa el tapiz u otra prenda tejida. Ayuda a los clientes a apreciar el magnífico trabajo realizado por Esperanza y su abuela.

Círculo literario

Esperanza y su abuela son artistas. También lo es el equipo de "Alfombra de alta tecnología". ¿Qué tienen en común todos ellos (la pareja ficticia de artistas y el equipo real de Disney)? Compara también el tapiz hecho por Esperanza y su abuela con la alfombra de *Aladino*. ¿En qué se parecen? Anota tus ideas en un cuadro.

Conozcamos a
Omar Castañeda

Omar Castañeda vive en la actualidad en Estados Unidos. Pero ha visto muchos mercados como el de *El tapiz de Abuela* en sus numerosas visitas a su país natal, Guatemala. Castañeda disfruta contarles a sus lectores sobre la vida diaria de la gente en América Latina.

Otros libros ilustrados por
Enrique Sánchez

- *El camino de Amelia* de Linda Jacobs Altman

FUEGO

EN YELLOWSTONE

Escrito por Robert Ekey

Una osa y su cachorro cerca de las cataratas de Mystic. La mayoría de los animales se salvaron del incendio.

En 1988, la primavera llegó temprano al parque nacional de Yellowstone. La nieve, que generalmente permanece hasta junio, se derritió antes de lo usual.

Los alces, los renos y los osos pastaban. El géiser de Old Faithful lanzaba borbotones mientras los turistas tomaban fotografías. No parecía haber sequía en Yellowstone, pero el bosque estaba seco.

En junio, un rayo cayó en un árbol y se produjo un pequeño incendio. Después cayeron más rayos que incendiaron otras partes del parque y áreas cercanas. De cada incendio salía una columna de humo.

Al principio, los guardabosques no hicieron nada. Sabían que el fuego es una parte importante de la ecología, o sea: la relación entre el ambiente y los seres vivos. El fuego quema los árboles viejos dejando espacio para las plantas y los árboles jóvenes. Es tan importante como la luz del sol y como la lluvia para el bosque.

Ésta no era la primera vez que Yellowstone se incendiaba. Todos los años los rayos inician incendios. Siglos atrás, los indígenas norteamericanos incendiaban ciertas áreas para facilitar la caza y mejorar el hábitat de los animales salvajes.

¿Dónde está Yellowstone?

INCENDIO DE STORM CREEK

IDAHO

MONTANA

INCENDIO DE FAN

WYOMING

Mammoth

INCENDIO DE WOLF LAKE

West Yellowstone

Norris

INCENDIO DE CLOVER-MIST

Madison

INCENDIO DE NORTH FORK

Old Faithful

Yellowstone Lake

Shoshone Lake

Grant Village

SNAKE RIVER COMPLEX

INCENDIO DE HUCK

INCENDIO DE MINK CREEK

Incendios que se originaron en Yellowstone y no se apagaron inmediatamente.

Incendios originados fuera de Yellowstone que no pudieron controlarse cuando llegaron al parque.

La mujer bombero Jill Jayne estudia el fuego mientras camina entre los troncos de los árboles.

La mayoría de los incendios que se producen se apagan solos. Usualmente sólo queman unos pocos acres.

Pero el año 1988 fue un año diferente. El calor del verano y la falta de lluvia secaron demasiado el bosque.

Los incendios (dentro y fuera del parque) se fueron extendiendo.

Un leñador descuidado provocó otro incendio.

A finales de junio, el fuego estaba muy cerca de los edificios, y los turistas abandonaron sus campamentos. Los guardabosques decidieron tratar de apagar los incendios.

Muchos estados enviaron bomberos para combatir las llamas.

Un bisonte tranquilo en medio del fuego. Los alces y los renos entraban a comer en zonas quemadas.

En agosto, los incendios seguían extendiéndose. Algunos días, el viento era tan fuerte que esparcía las llamas a miles de acres de distancia. Llamas de 200 pies de altura se extendían por el bosque a gran velocidad.

Mientras las llamas ardían en el bosque, el alce, el bisonte y otros animales pudieron escapar fácilmente. A veces se los veía pastar cerca de los incendios.

Mucha gente se preguntaba por qué los guardabosques no apagaban los incendios. Para entonces, ya eran muy grandes. La peor sequía del siglo había dejado el bosque muy seco. Los incendios no podían detenerse.

Peligroso incendio de Clover-Mist, al pie de Pilot Peak.

Para luchar contra el fuego, los bomberos usaban aeroplanos para hacer mapas infrarrojos del terreno. Después volaban en aviones cisterna cargados de agua y sustancias químicas para detener las llamas. También trajeron autobombas de muchos lugares. Usaban palas, mulas y Pulaskis (que son combinaciones de azadón y hacha).

Llegaron miles de bomberos, incluyendo miembros del ejército y la marina, para combatir el incendio. Usaron helicópteros y aviones para derramar millones de galones de agua y de sustancias químicas sobre las llamas. Con herramientas especiales cavaron zanjas con la intención de detener el fuego.

Todas las mañanas, el humo cubría Yellowstone. Por las tardes soplaban vientos fuertes que enviaban hacia el cielo pedazos de materia ardiendo. Al caer, estos pedazos iniciaron nuevos incendios. Miles de acres ardían y enormes columnas de humo llenaban el cielo.

A principios de septiembre, cuando la columna de humo indicó que el fuego se acercaba, todavía había turistas en Old Faithful. Los bomberos echaban agua a los edificios para que no se incendiaran.

De repente, el fuego apareció sobre la colina, ¡cerca de Old Faithful! Los guardabosques pidieron a los turistas que se fueran. Un furioso incendio atravesó el estacionamiento del viejo hotel. Brasas del tamaño de pelotas de golf saltaban en el pavimento.

El nuevo incendio sorprendió a los bomberos.

El fuego en Old Faithful quemó muchos árboles y algunas cabañas. Los edificios grandes, incluyendo el Old Faithful Inn, se salvaron. El fuego desapareció tan pronto como había llegado.

A la semana siguiente, empezó a llover y a nevar. Fue la primera lluvia en mucho tiempo. La lluvia consiguió lo que diez mil bomberos no habían conseguido: apagar el fuego.

El incendio de North Fork consume uno de los edificios de Old Faithful. Las llamas devoraron 16 construcciones en total.

Interior: Los bomberos mojan el techo del museo Norris para protegerlo de las chispas.

A mediados de septiembre, se habían quemado cerca de un millón de acres en Yellowstone y 400 mil en los bosques cercanos. Aunque el área que se quemó es del tamaño del estado de Delaware, es menos de la mitad del parque.

Mucha gente dijo que los guardabosques deberían haber tratado de apagar los incendios antes. Ellos respondieron que no podían haber previsto las extremas condiciones de sequía.

Sólo la naturaleza pudo detener lo que se había iniciado debido a la sequía. Los guardabosques decidieron que, en el futuro, dejarían arder algunos incendios, pero los vigilarían con más cuidado.

Izquierda: Retoños de pasto en la tierra chamuscada.

Centro: Las flores en primavera.

Derecha: El calor del fuego hizo que las semillas de pino *lodgepole* salieran de sus conos. Las semillas echaron raíces en las cenizas fértiles y se han convertido en un bosque nuevo.

En octubre la nieve cubrió Yellowstone. Al principio de la primavera siguiente, la nieve se derritió, regando las semillas y raíces que habían sobrevivido bajo tierra.

En primavera y verano florecieron las plantas. En las áreas forestales, miles de semillas de pino brotaron mientras el bosque volvía a nacer. Los géiseres no cambiaron por el fuego.

A pesar de que algunos animales abandonaron el bosque a causa del fuego, éste también proveyó fuentes de alimento para otros. Los biólogos dicen que los animales y las plantas se adaptan al fuego.

Después vino la lluvia. Los alces y bisontes se alimentan ahora de las nuevas flores y pastos. Los pájaros cantan en los árboles y los turistas regresan a tomar fotos de los animales, de los géiseres y de las plantas.

ciclo de un bosque de pinos

Bosque maduro   Fuego   0-60 años

264

60-150 años **150-300 años** **300-400 años**

Corteza del pino

escrito e ilustrado por Michael Gaffney

Sólo unos pocos insectos habitan en el suelo frío, oscuro y seco de los pinares. La mayoría de ellos vive en la corteza del árbol o debajo de ella.

Mariquita del pino

Estas mariquitas suelen posarse en las agujas del pino. Les encanta aparearse a pleno sol. Y las manchas son un aviso para los posibles depredadores :"¡No tocar... tengo un sabor horrible!"

Piojos de la corteza

Son animales diminutos muy difíciles de ver. Comen de todo... ¡incluso corteza!

Avispa de la madera

Con su cola larga y afilada, la avispa hembra perfora el tronco de un árbol y pone allí los huevos. Las larvas, devoradoras de madera, salen del huevo protegidas por la corteza del árbol.

Avispa icneumónida

Ni siquiera la corteza del árbol puede proteger a las larvas de la avispa de la madera de los ataques de la avispa icneumónida. La hembra de la avispa icneumónida clava su larga cola a través de la corteza y ¡pone los huevos dentro de las larvas de la avispa de la madera! Así sus descendientes tienen comida asegurada.

Escarabajo nitidúlido

Este escarabajo es tan pequeño y oscuro que pasa desapercibido. Se nutre de la jugosa savia que rezuma de las heridas de la corteza del árbol.

Mariquita ocelada

Estas mariquitas se pasan toda la vida en las coníferas. Van recorriendo las ramas en busca de pulgones y apetitosas orugas que comer.

Mosca serpiente

El largo cuello de la mosca serpiente le permite inspeccionar todos los resquicios de la corteza de los árboles, con la intención de pillar a los animalitos que allí se esconden.

Araña con pie de peine

Las grietas de la corteza, por lo general, son un lugar seguro para que los pequeños insectos se escondan, ¡a no ser que dentro esté al acecho esta feroz arañita!

Pierdepinos

Esfinge del pino

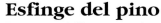

Estas polillas son demasiado grandes para esconderse durante el día, que es cuando descansan. En lugar de eso, intentan armonizar con su entorno. Si están posadas sobre un tronco, son muy difíciles de ver.

Barrenillo de la corteza

Cuando son jóvenes, las larvas de estos escarabajos viven debajo de la corteza carcomiendo la madera y propagando enfermedades. Al llegar a adultos hacen unos agujeritos redondeados para salir a la superficie.

Escarabajo ajedrezado

El escarabajo ajedrezado es un gran protector de los árboles. Se come a los perjudiciales barrenillos, a los que caza en grietas de la corteza.

267

PIENSA EN LA LECTURA

Escribe tus respuestas en una hoja aparte.

1. ¿Por qué se quemó tan fácilmente el bosque de Yellowstone en 1988?

2. ¿Cómo ayudó a controlar el incendio el trabajo en equipo?

3. No todo el mundo estuvo de acuerdo con la forma en que los guardabosques de Yellowstone se enfrentaron al incendio. ¿En qué no estaban de acuerdo? ¿Con quiénes estás de acuerdo? ¿Por qué?

4. ¿Cómo muestra esta lectura que los incendios forestales pueden ser tanto buenos como malos?

5. ¿Cómo puede "Corteza del pino" cambiar la manera en que miras un pino?

ESCRIBE UN ARTÍCULO EN EL DIARIO

Los bomberos realizaron un trabajo fatigoso y lleno de peligros durante el incendio en Yellowstone. Imagina que eres uno de esos bomberos. Escribe un artículo en tu Diario sobre un día durante el verano de 1988. Asegúrate de describir lo que viste, oíste y sentiste, así como lo que hiciste.

CÍRCULO LITERARIO

Muchos artículos científicos tratan sobre causas y efectos. ¿Cuál fue la causa principal de los incendios en Yellowstone? ¿Cuáles fueron los efectos inmediatos? ¿Cuáles fueron los efectos a largo plazo? Escribe tus ideas en un cuadro.

CONOZCAMOS A ROBERT EKEY

Robert Ekey conoce a fondo los incendios forestales de 1988 en Yellowstone. ¡Estaba allí escribiendo sobre ellos! Día tras día, observó a los bomberos combatir los fieros incendios. Dice, "Tratar de detener los incendios era como tratar de detener un huracán. A veces, tuve que correr para escapar de las llamas." Hoy, Ekey vive todavía cerca de Yellowstone y se alegra de ver que el parque se ha recuperado de los incendios.

OTROS LIBROS SOBRE LA LUCHA CONTRA INCENDIOS

- *Estaciones de bomberos,* escrito por Jason Cooper

Cómo

Crear una campaña publicitaria

Trabaja con tu equipo para planear todo tipo de avisos.

¿**Q**ué hace una compañía para dar a conocer un nuevo producto o servicio? Una manera de hacerlo es a través de una campaña de publicidad. Una campaña de publicidad puede incluir anuncios y comerciales en la radio, televisión, revistas, carteles, calcomanías y ¡hasta en camisetas! ¿Quién crea todos estos anuncios? Los hacen equipos de escritores y artistas en una agencia de publicidad. Cada miembro del equipo contribuye con sus conocimientos y habilidades especiales para la campaña.

Mantente SOBRE La Pista

Investiga un producto

Con tu equipo, elige un producto, servicio o un lugar divertido para visitar, como un parque o un museo, para hacer tu campaña publicitaria.

Elijan algo que conozcan y que les guste. Luego, pregúntense: ¿Qué es lo bueno o interesante de este lugar? Compartan sus ideas y hagan una lista de la gente que dirigirá la campaña.

Piensa qué hace que tu producto o lugar sea mejor que otros. Haz una investigación del mercado. Pregunta a personas que conozcas qué es lo que les gusta de tu producto o lugar. Esto te ayudará a decidir cómo anunciarlo.

Tu equipo tal vez quiera crear una campaña de anuncios de servicio público. Los anuncios de servicio público presentan información útil. Pueden hablar sobre cómo mantenerse sanos y seguros, cómo proteger la naturaleza o cómo reciclar.

MATERIALES

- cuaderno
- papel y lápiz
- lápices de colores, pinturas y tijeras
- un equipo de audio o audiovisual (opcional)

2

Haz tu parte

Con tu grupo, decide qué van a crear para la campaña de publicidad. Luego, en equipo, decidan qué va a hacer cada miembro del equipo. Las tareas pueden incluir: escribir anuncios para revistas y periódicos; crear comerciales para radio y televisión; escribir canciones o lemas sobre el producto; diseñar carteles, botones, sombreros o camisetas.

Antes de comenzar la campaña, miren y escuchen muchos anuncios y comerciales para obtener ideas. Compartan con el equipo lo que encuentren.

Consejito Crea anuncios sencillos. Cuantas menos palabras tengan, más fácil será recordarlos.

¿Cómo me va?

Antes de que el equipo empiece a trabajar en la campaña, deberían preguntarse:

- ¿Estamos todos de acuerdo en este producto?
- ¿Hemos discutido por qué pensamos que la gente quiere comprar este producto?
- ¿Hemos preguntado a otros qué piensan sobre nuestro producto?

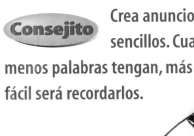

MANTENTE SOBRE LA PISTA

me gusta la idea del obstáculo.

Ensaya con diferentes colores.

Éste va mejor en blanco y negro.

3

Comienza la campaña

Crea anuncios para tu campaña que sean animados y entretenidos. Si haces un comercial para radio o televisión, tal vez quieras grabarlo. Junto con tu equipo, mira todos los anuncios que creaste.

¿Son interesantes y coloridos? ¿Harán que la gente quiera comprar el producto? Haz los cambios que tu grupo crea necesarios. ¡Ya puedes iniciar tu campaña!

Mantente SOBRE La Pista

Primer Lugar

4 Presenta tus anuncios

Con tu equipo, presenta tus anuncios a la clase. Cada miembro del equipo puede presentar la tarea en la que trabajó. Pregunta a tus compañeros qué piensan acerca del producto. Observa las presentaciones de los otros equipos.

¿Tuvieron buenas ideas? ¿Qué clase de productos y de anuncios eligieron? Hablen de cómo trabajar en equipo los ayudó a crear una exitosa campaña publicitaria.

Si usas la computadora…

Usa la computadora para diseñar anuncios para revistas y periódicos. Prueba diferentes clases y tamaños de letra y de recortes de arte. Luego, los puedes imprimir. También puedes escribir tus lemas publicitarios usando el formato *de banderola* y colgar los anuncios en el salón.

¡FELICIDADES!

Ahora sabes lo que es finalizar un trabajo y trabajar en equipo. Mira a tu alrededor. ¿Qué otros trabajos se hacen en equipo?

Max Jerome
Director de arte ▶

En el Glosario encontrarás todas las palabras del vocabulario en orden alfabético. Esta página te muestra cómo usarlo.

monstruo Gila: *s. m.*
Lagarto venenoso del suroeste de Estados Unidos y del norte de México.

Estas letras te dicen qué **función** tiene la palabra dentro de la oración.

Ésta es la **palabra** que buscas. Es el **vocablo**.

Fíjate en esta frase para hallar el **significado** de la palabra. Puede también haber una oración que muestre cómo usar la palabra.

acre: *s. m.* Medida de superficie inglesa que equivale a 4,046.9 m^2

acurrucarse: *verbo* Encogerse para acomodarse y sentirse a gusto.

adherir: *verbo* Pegar una cosa a otra.

agrimensor: *s. m.* Medidor de tierras.

alcantarilla: *s. f.* Conducto por donde corren las aguas. La *alcantarilla* se había inundado.

algarabía: *s. f.* Gritería confusa.

SINÓNIMOS
algarabía
escándalo
algaraza
confusión
gritería

amasar: *verbo* Formar la masa mezclando harina con agua.

antiquísimo/a: *adj.* Muy viejo o antiguo.

apretujar: *verbo* Comprimir, estrechar contra el pecho.

arboladura: *s. f.* Conjunto de palos verticales y horizontales de un navío.

augurio: *s. m.* Presagio, señal de cosa futura. La abuela nunca creyó en ese *augurio.*

barlovento: *s. m.* Parte de donde viene el viento.

barra: *s. f.* Pieza larga y estrecha que puede estar hecha de cualquier material duro.

bisonte: *s. m.* Especie de ganado de América del Norte, con cabeza grande y lanuda.

bisonte

bloquear: *verbo* Impedir un movimiento, cortar todo género de comunicaciones.

borrasca: *s. f.* Tempestad. Después de la *borrasca,* vino la calma.

bramido: *s. m.* Ruido poderoso que hace el aire o el mar.

adj. adjetivo	*f.* femenino
s. sustantivo	*m.* masculino

277

brasa: *s. f.* Leña o carbón encendido.

brasa

bullicio: *s. m.* Ruido, rumor de la multitud.

SINÓNIMOS

bullicio
alboroto
estrépito
ruido
tumulto

cabizbajo/a: *adj.* Que tiene la cabeza caída, pensativo.

cacerola: *s. f.* Recipiente para cocinar. Limpió la *cacerola* hasta hacerla relucir.

caligrafía: *s. f.* Arte de escribir letras con tinta y pincel o pluma.

caligrafía

capullo: *s. m.* Envoltura del gusano de seda.

caravana: *s. f.* Conjunto de personas que viajan juntas.

caricia: *s. f.* Muestra de afecto.

caserío: *s. m.* Conjunto de casas en el campo.

cedazo: *s. m.* Red para pescar.

centinela: *s. m. f.* Guardia; persona que cuida o protege algo.

choclo: *s. m.* Mazorca de maíz. *Choclo* es otra forma de llamar al maíz.

cimiento: *s. m.* Parte en que se apoya el edificio.

cisterna: *s. f.* Depósito subterráneo para contener agua de lluvia.

comal: *s. m.* Disco de barro o metálico, generalmente redondo, que se coloca encima del brasero o fogón.

contratista: *s. f. m.* Persona cuyo trabajo es asegurar que los trabajadores y abastecimientos estén en el sitio de la construcción.

corral: *s. m.* Terreno cercado para contener animales grandes, especialmente caballos o vacas.

crin: *s. f.* Cabellera larga y gruesa que crece en la cabeza y cuello de algunos animales.

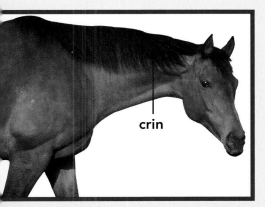

crin

crisálida: *s. f.* Ninfa de un insecto.

cuentista: *s. m. f.* Persona que cuenta cuentos.

desaparecer: *verbo* Ocultarse repentinamente.

desesperación: *s. f.* Lo que se siente cuando se pierde la calma o la paciencia.

deshacer: *verbo* Destruir lo hecho.

deslumbrar: *verbo* Confundir la vista una luz muy viva.

desmantelar: *verbo* Destruir, desamueblar.

desparramar: *verbo* Esparcir.

doña: *s. f.* Título dado a las señoras. La película no le agradó a *doña* María.

elevador de carga: *s. m.* Vehículo que sirve para subir o bajar mercancías o cargas pesadas, especialmente en almacenes. Los trabajadores de la fábrica de cemento utilizan el *elevador de carga* para llevar los sacos al almacén.

empaquetar: *verbo* Encerrar en paquetes cualquier mercancía.

emperatriz: *s. f.* Mujer del emperador, o soberana de un imperio.

ensordecedor/a: *adj.* Que ensordece o vuelve sordo.

entusiasmado/a: *adj.* Animado.

espiga: *s. f.* Conjunto de flores o frutos reunidos alrededor de un eje común.

espuela: *s. f.* Ruedecilla con pinchos de metal que se ajusta sobre el talón de la bota para pinchar al caballo y hacerlo correr.

espuela

estacas: *s. f.* Palos grandes afilados en un extremo para poder clavarlos en la tierra.

estampida: *s. f.* Manada de animales que echan a correr de repente.

este: *s. m.* Uno de los cuatro puntos cardinales.

adj.	adjetivo	*f.*	femenino
s.	sustantivo	*m.*	masculino

estrecho/a: *adj.* Que tiene poca anchura, apretado.

estructura: *s. f.* La parte de un edificio o construcción que le da forma y la sostiene.

extirpar: *verbo* Arrancar de cuajo.

fatiga: *s. f.* Cansancio. Se sintió con *fatiga* después del ejercicio.

SINÓNIMOS
fatiga
ahogo
cansancio
lasitud

fermentar: *verbo* Transformarse o descomponerse una sustancia por la acción de otra.

fragata: *s. f.* Buque de tres palos con plataformas y palos horizontales.

frágil: *adj.* Quebradizo, que puede romperse. La lámpara de cristal era muy *frágil.*

fuente: *s. f.* Recipiente grande en el que se sirven los alimentos.

fumarola: *s. f.* Vapores o gases que salen del interior de la tierra.

fumarola

fundir: *verbo* Derretir metales.

gaucho: *s. m.* Vaquero que trabaja en la pampa.

géiser: *s. m.* Fuente natural intermitente de agua caliente.

géiser

grúa: *s. f.* Máquina grande utilizada para levantar o mover objetos pesados.

grúa

grumete: *s. m.* Muchacho que aprende el oficio de marinero.

guiñar: *verbo* Cerrar un ojo con disimulo.

hábitat: *s. m.* Territorio donde se cría normalmente una especie animal o vegetal.

hebilla: *s. f.* Pieza de metal con una charnela que sirve de broche.

hebra: *s. f.* Trozo de hilo, seda, etc. Una *hebra* de lana brillaba al sol.

hembra: *s. f.* Animal del sexo femenino.

hendidura: *s. f.* Abertura, grieta.

hoja de maíz: *s. f.* Cáscara seca del maíz, chala.

hoja de maíz

huipil: *s. m.* Blusa de algodón, generalmente con bordados.

huipil

humo: *s. m.* Sustancia o producto gaseoso de color gris que se produce cuando algo se quema. La cocina estaba llena de *humo* porque Jorge había intentado por primera vez cocinar unas tortillas.

infrarrojo: *adj.* Dícese de las radiaciones caloríficas invisibles.

HISTORIA DE LAS PALABRAS

La palabra **infrarrojo** es compuesta, formada por el prefijo latino *infra,* que significa *debajo de.* Entre las palabras compuestas con este prefijo, se hallan **infrahumano/a** e **infraestructura.**

ingeniero: *s. m.* Persona entrenada para diseñar y construir carreteras, puentes o edificios.

intrincado/a: *adj.* Enredado.

izar: *verbo* Hacer que una cosa suba tirando de un cabo que pasa por un lugar más alto.

kilómetro: *s. m.* Medida de longitud que tiene 1,000 metros. Un *kilómetro* equivale a 0.6214 millas.

HISTORIA DE LAS PALABRAS

La palabra **kilómetro** designa una medida de longitud del sistema métrico decimal. Está compuesta por el prefijo griego *kilo* que significa *mil* y *metro,* que en griego significa *medida.* De modo que un kilómetro es igual a mil metros.

adj.	adjetivo	*f.*	femenino
s.	sustantivo	*m.*	masculino

lanzadera: *s. f.* Instrumento que lleva dentro un caño pequeño de madera y sirve para tejer.

lazo: *s. m.* Cuerda larga y fuerte que se usa para atrapar el ganado y los caballos.

lazo

lecho rocoso: *s. m.* Capa sólida de piedra que está debajo de la tierra.

legua: *s. f.* Medida de longitud que equivale a 20,000 pies (5,573 metros). El pueblo está a una *legua* de distancia.

llama: *s. f.* Gas encendido que sale hacia arriba de algo que se quema. La *llama* que sale de un tronco que se quema es roja y amarilla.

manso/a: *adj.* Benigno, apacible, sosegado. Pupo era un perrito muy *manso*.

marea: *s. f.* Flujo y reflujo del mar.

masa: *s. f.* Pasta hecha de harina de maíz, manteca y agua, que se utiliza para hacer tamales.

mestizo: *s. m.* Persona de herencia étnica indígena y española.

mirlo: *s. m.* Pájaro parecido al tordo, de plumaje oscuro.

monstruo Gila: *s. m.* Lagarto venenoso del suroeste de Estados Unidos y norte de México.

morera: *s. m.* Árbol cuyas hojas son el alimento de los gusanos de seda.

mudar: *verbo* Dejar una cosa y tomar otra.

mueca: *s. f.* Gesto hecho con la cara.

nostalgia: *s. f.* Recuerdos cariñosos del pasado.

ñandú: *s. m.* Ave de gran tamaño de plumaje gris, nativa de América del Sur.

oeste: *s. m.* Uno de los cuatro puntos cardinales.

orquídea: *s. f.* Planta monocotiledónea con flores de forma y coloración rara.

ovillo: *s. m.* Bola o lío de hilo devanado.

oxigenarse: *verbo* Respirar.

palitos chinos: *s. m.* Palitos que se usan en vez del tenedor. La niña usa los *palitos chinos* con habilidad.

palitos chinos

pampa: *s. f.* Palabra de los idiomas indígenas aymará y quechua, que designa el área de pastoreo que se encuentra al sur y al oeste de Buenos Aires, en Argentina.

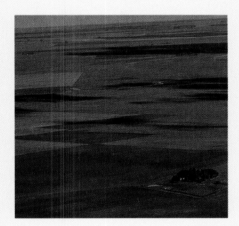

pampa

papalote: *s. m.* Cometa, chiringa, estrella.

pastaban: *verbo* Comían pasto u otras plantas.

pegajosas/os: *adj.* Que se pegan con facilidad.

perímetro: *s. m.* Contorno de una figura.

pluma: *s. f.* Cada una de las piezas que cubre el cuerpo de las aves.

ANÁLISIS DE LAS PALABRAS

La palabra **pluma** tiene muchos significados. Aparte de designar lo que cubre el cuerpo de las aves, también es un instrumento que se usa para escribir y una forma de nombrar el mástil de una grúa.

presentían: *verbo* Sentían que algo iba a pasar.

proa: *s. f.* Parte delantera del buque o avión. La *proa* del bote estaba oxidada.

proa

quetzal: *s. m.* Ave trepadora de América tropical, de plumaje suave, verde tornasolado y rojo.

quetzal

ráfaga: *s. f.* Movimiento violento del aire.

rascacielos: *s. m.* Edificio de gran altura.

relámpago

relámpago: *s. m.* Chispa eléctrica que se desprende de una nube.

adj. adjetivo	*f.* femenino
s. sustantivo	*m.* masculino

repicar: *verbo* Sonar las campanas de prisa y a compás.

reverencia: *s. f.* Inclinación del cuerpo en señal de respeto.

rodillos: *s. m.* Piezas de metal con forma de cilindro que forman parte de diversos mecanismos.

salsa: *s. f.* Baile popular de la zona del Caribe. Me encantan las fiestas familiares porque siempre bailamos *salsa*.

salsa de soya: *s. f.* Salsa oscura y salada hecha de frijol de soya.

sapo cornudo: *s. m.* Reptil pequeño con la cola corta y espinas en la cabeza que parecen cuernos.

sapo cornudo

sequía: *s. f.* Temporada seca. La *sequía* destruyó el jardín.

silos: *s. m.* Lugares o depósitos subterráneos en los que se guardan cosas o materiales.

sofrito: *s. m.* Combinación de ajo, cebolla, tomates y otros ingredientes.

solapa: *s. f.* Parte del vestido correspondiente al pecho y que sobresale.

superestructura: *s. f.* Parte de un edificio que está más arriba del sótano.

HISTORIA DE LAS PALABRAS

La palabra **superestructura,** de uso común en arquitectura e ingeniería, contiene el prefijo latino *super* que significa *sobre* o *por encima.* Otras palabras que contienen este prefijo son **superdotado, superfino** y **superlativo.**

tamal: *s. m.* Especie de empanada de harina de maíz y carne envuelta en hojas de maíz o de plátano.

tamales

tanda: *s. f.* Conjunto de cosas de la misma clase.

tapiz: *s. m.* Trozo de tela grande que suele ser tejida con lana o seda, contiene dibujos y sirve para adorno. Mi tía me regaló un *tapiz* muy bonito para mi cumpleaños y yo lo colgué encima de mi cama.

telar: *s. m.* Dispositivo para crear tejidos de forma manual.

telar

teñir: *verbo* Agregar o dar color.

tierra: *s. f.* El lugar de donde es una persona.

tieso/a: *adj.* Duro, rígido.

timón: *s. m.* Pieza giratoria que sirve para conducir una embarcación.

tripulación: *s. f.* Personas que van en un barco grande realizando trabajos relacionados con el barco. Mi hermano es marinero y forma parte de la *tripulación* de un barco muy grande en el que caben mil pasajeros.

triste: *adj.* Lo opuesto a alegre.

tuberías: *s. f.* Conjunto de tubos por donde pasa el agua o el humo. Las *tuberías* del agua se rompieron y se inundó toda la casa.

velamen: *s. m.* Conjunto de velas del buque.

yacer: *verbo* Estar echado sobre algo.

zanja: *s. f.* Excavación larga en la tierra. La *zanja* está llena de agua.

zigzaguear: *verbo* Serpentear, marchar o avanzar en zigzag.

zumbar: *verbo* Hacer un ruido continuo y molesto como el de las abejas.

adj.	adjetivo	*f.*	femenino
s.	sustantivo	*m.*	masculino

Acknowledgments

Grateful acknowledgment is made to the following sources for permission to reprint from previously published material. The publisher has made diligent efforts to trace the ownership of all copyrighted material in this volume and believes that all necessary permissions have been secured. If any errors or omissions have inadvertently been made, proper corrections will gladly be made in future editions.

Cover, Title Page, Unit 3 *Manos a la obra* Table of Contents and Unit Opener: Illustrations from EL CAPITÁN by Liliana Santirso, illustrated by Patricio Gómez. Illustrations copyright © 1992 by Patricio Gómez. All rights reserved. Published by C.E.L.T.A. Amaquemecan. Used by permission.

Unit 1 *¿Qué hay de nuevo?* Table of Contents and Unit Opener: Illustrations from EN LA PAMPA by María Cristina Brusca. Originally published as ON THE PAMPAS. Copyright © 1991 by María Cristina Brusca. Reprinted by arrangement with Henry Holt and Co., Inc., and Editorial Sudamericana S.A.

Unit 2 *Grandes planes* Table of Contents: Illustrations from "¡Cómo crece el rascacielos!" by Gail Gibbons. Originally published as UP GOES THE SKYSCRAPER. Copyright © 1996 by Gail Gibbons. Reprinted with permission of Atheneum Books for Young Readers, Simon & Schuster Children's Publishing Division.

Unit 1 *¿Qué hay de nuevo?*: "¡Monstruos Gila en el aeropuerto!" by Marjorie Weinman Sharmat, illustrated by Byron Barton. Originally published as GILA MONSTERS MEET YOU AT THE AIRPORT. Text copyright © 1980 by Marjorie Weinman Sharmat. Illustrations copyright © 1980 by Byron Barton. Spanish translation copyright © 1997 by Scholastic Inc. Reprinted by arrangement with Simon & Schuster Books for Young Readers, Simon & Schuster Children's Publishing Division.

"Cómo vive mi familia en Estados Unidos" by Susan Kuklin. Originally published as HOW MY FAMILY LIVES IN AMERICA. Copyright © 1992 by Susan Kuklin. Spanish translation copyright © 1997 by Scholastic Inc. Reprinted by arrangement with Simon & Schuster Books for Young Readers, Simon & Schuster Children's Publishing Division.

"Calor" from CALOR: A STORY OF WARMTH FOR ALL AGES by Amado Peña and Juanita Alba. Text copyright © 1995 by Juanita Alba. Art copyright © 1995 by Amado M. Peña, Jr. Reprinted by arrangement with WRS Group, Inc.

"En la pampa" from EN LA PAMPA by María Cristina Brusca. Originally published as ON THE PAMPAS. Copyright © 1991 by María Cristina Brusca. Spanish translation copyright © 1995 by Editorial Sudamericana S.A. Reprinted by arrangement with Henry Holt and Co., Inc., and Editorial Sudamericana S.A.

Unit 2 *Grandes planes*: "La seda" from LA SEDA by Pascuala Corona. Copyright © 1992 by Editorial Patria, S.A. de C.V. All rights reserved. Reprinted by permission of the publisher.

"Tres colorantes prehispánicos" from TRES COLORANTES PREHISPÁNICOS by Beatriz de María y Campos Castelló, illustrated by Pascuala Corona. Copyright © 1990 by Editorial Patria S.A. de C.V. and Consejo Nacional de Fomento Educativo. All rights reserved. Reprinted by permission of the publisher.

"¡Qué montón de TAMALES!" from ¡QUÉ MONTÓN DE TAMALES! by Gary Soto, illustrated by Ed Martinez. Spanish translation by Alma Flor Ada and F. Isabel Campoy. Originally published as TOO MANY TAMALES. Text copyright © 1993 by Gary Soto. Illustrations copyright © 1993 by Ed Martinez. Translation copyright © 1996 by G.P. Putnam's Sons. Reprinted by permission of G.P. Putnam's Sons, a division of Penguin Putnam Inc.

"Oda al maíz" from LAUGHING TOMATOES AND OTHER SPRING POEMS/JITOMATES RISUEÑOS Y OTROS POEMAS DE PRIMAVERA by Francisco X. Alarcón, illustrated by Maya Christina Gonzalez. Poem copyright © 1997 by Francisco X. Alarcón. Picture copyright © 1997 by Maya Christina Gonzalez. All rights reserved. Reprinted by permission of Children's Book Press, San Francisco, CA.

"La estrella de Ángel" from ANGEL'S KITE (LA ESTRELLA DE ÁNGEL) by Alberto Blanco, illustrated by Rodolfo Morales. Story copyright © 1994 by Alberto Blanco. Illustrations copyright © 1994 by Rodolfo Morales. Spanish translation copyright © 1994 by Children's Book Press. All rights reserved. Reprinted by permission of Children's Book Press, San Francisco, CA.

"Cómo hacer un papalote" from MANOS A LA OBRA by Horacio Albalat. Copyright © Horacio Albalat. All rights reserved. Published by Libros del Rincón. Reprinted by permission of the author.

"¡Cómo crece el rascacielos!" by Gail Gibbons. Originally published as UP GOES THE SKYSCRAPER. Copyright © 1996 by Gail Gibbons. Spanish translation copyright © 1997 by Scholastic Inc. Reprinted with permission of Atheneum Books for Young Readers, Simon & Schuster Children's Publishing Division.

Architectural sketch used by permission of Loebl, Schlossman & Hackl, Chicago, IL.

Unit 3 *Manos a la obra*: "El Capitán" from EL CAPITÁN by Liliana Santirso, illustrated by Patricio Gómez. Text copyright © 1982 by Liliana Santirso. Illustrations copyright © 1992 by Patricio Gómez. All rights reserved. Published by C.E.L.T.A. Amaquemecan. Used by permission.

"La fábrica de espagueti de Siggy" by Peggy Thomson, illustrated by Gloria Kamen. Originally published as SIGGY'S SPAGHETTI WORKS. Text copyright © 1993 by Peggy Thomson. Illustrations copyright © 1993 by Gloria Kamen. Spanish translation copyright © 1997 by Scholastic Inc. Reprinted by permission of Tambourine Books, a division of William Morrow & Company, Inc.

"El jitomate" from EL JITOMATE by Arnulfo de Santiago, illustrated by Laura Fernández. Copyright © 1993 by Consejo Nacional para la Cultura y las Artes and Sistemas Técnicos de Edición, S.A. de C.V. All rights reserved. Reprinted by permission of the publisher and the author.

"El tapiz de Abuela" from EL TAPIZ DE ABUELA (ABUELA'S WEAVE) by Omar S. Castañeda, illustrated by Enrique O. Sánchez. Text copyright © 1993 by Omar S. Castañeda. Illustrations copyright © 1993 by Enrique O. Sánchez. Reprinted by permission of Lee & Low Books Inc.

"Alfombra de alta tecnología" originally published as "High-tech Carpet" in *Scholastic Literacy Place*®. Copyright © 1996 by Scholastic Inc. Spanish translation copyright © 1997 by Scholastic Inc. Illustrations copyright © Disney Enterprises, Inc. All rights reserved. Used by permission.

"Fuego en Yellowstone" by Robert Ekey. Originally published as FIRE! IN YELLOWSTONE. Text copyright © 1990 by Falcon Publishing Co., Inc. Format copyright © 1990 by Gareth Stevens, Inc. Spanish translation copyright © 1997 by Scholastic Inc. Reprinted by permission of Gareth Stevens, Inc., Milwaukee, WI.

"Corteza del pino" from LOS SECRETOS DEL BOSQUE by Michael Gaffney. Originally published as THE SECRET FORESTS. Copyright © 1994 by Michael Gaffney. Spanish translation copyright © 1995 by Ediciones B, S.A. All rights reserved. Reprinted by arrangement with David Bennett Books Ltd.

Photography and Illustration Credits